¿Cómo salgo de mis deudas?

Andrés Panasiuk

GRUPO NELSON
Una división de Thomas Nelson Publishers
Desde 1798

NASHVILLE DALLAS MÉXICO DF. RÍO DE JANEIRO BEIJING

GRUPO NELSON
Una división de Thomas Nelson Publishers
Juntos inspiramos al mundo

Betania es un sello de Caribe-Betania Editores

© 2003 Caribe-Betania Editores
una división de Thomas Nelson, Inc.
Nashville, TN — Miami, FL (EE.UU)

E-Mail: info@caribebetania.com
www.caribebetania.com

ISBN 0-88113-752-9
ISBN 978-0-88113-752-1

Tipografía: Marysol Rodriguez

Printed in the U.S.A.
Impreso en los EE.UU.
16ª Impresión, 10/2009

Dedicatoria

A mi equipo de trabajo en Conceptos Financieros Crown:
hombres y mujeres dedicados con alma y vida, a lo largo y
a lo ancho de Latinoamérica, a romper las cadenas de la
esclavitud financiera en todo el continente.

Tabla de contenido

Prefacio

En uno de mis viajes por la India me encontré con un hombre de negocios muy afluente que me permitió pasar algunos días en su casa. Mientras estaba de visita, me di cuenta de que tenía un grupo de empleados bastante eficientes que nos servían y acompañaban a diferentes lugares. Cuando lo felicité por el compromiso y la eficiencia de sus empleados, se dio vuelta, me miró y me dijo: «No son empleados. Son esclavos».

La fuerte impresión que me causó su comentario apenas me permitió esbozar una pregunta de asombro:

—¿Cómo que son esclavos?

—Sí —me contestó mi amable anfitrión—. Son hijos de mis deudores.

Con el correr de la conversación descubrí que en algunos lugares del mundo, cuando uno necesita dinero prestado, en lugar de ir a un banco o de sacar una tarjeta de crédito, simplemente va en busca de una persona que posee dinero y le pide el capital que necesita, generalmente a intereses bastante usurarios. Si necesita luego más dinero, no hay ningún problema: el dinero se presta. Puede pedir las veces que quiera, con una salvedad: si no puede pagar, entonces el prestamista toma a su hijo como esclavo hasta que usted pueda pagar la deuda.

Esto me hace acordar una gran verdad que surge de los libros Sapiensales, unos 10 siglos antes de Jesucristo: «El rico se enseñorea de los pobres, y el que pide prestado es siervo del que presta». Era verdad 3.000 años atrás y es verdad hoy día: cuando pedimos prestado, cualquiera sea la razón y cualquiera sea nuestro acreedor, nos convertimos en esclavos de nuestros prestamistas.

Cuando mi esposa y yo nos pusimos en contacto con los materiales del Dr. Larry Burkett y Conceptos Financieros Crown —del cual ahora soy el director para el mundo hispano-parlante—, teníamos deudas por más de 65.000 dólares. No éramos tontos. Simplemente ignorábamos cómo manejar adecuadamente nuestras finanzas.

Como no teníamos principios que guiaran nuestras decisiones económicas, cometimos errores financieros que luego nos llevaron a una situación de deudas extrema.

Por ejemplo, a pesar de alquilar en Chicago, habíamos comprado una casa en el sur de Florida. Yo todavía me pregunto qué hacía una parejita recién casada, en Chicago, con una casa a más de 2.000 kilómetros de distancia. Por supuesto, nosotros pensamos que sería una gran inversión. Que la podíamos alquilar y eso nos ayudaría a pagar las cuotas de la casa.

Lo único que no pensamos fue que, por un lado, los inquilinos nunca cuidan la casa como el mismo dueño; y en nuestro caso, nos la destrozaron varias veces. Por otro lado, tampoco pensamos que los inquilinos a veces… ¡se van!, y cuando se van, uno igual tiene que hacer el pago de la hipoteca y el reacondicionamiento de la casa con un dinero que no tiene porque siempre vive al día.

Me acuerdo que también habíamos comprado un miniván. En muchos de nuestros países, cuando un auto tiene problemas muy seguido lo llama un auto limón. Pues en ese caso nuestro miniván era todo un limonero: en los cuatro o cinco años que lo tuvimos nunca anduvo bien. Un par de días después de haberlo comprado tratamos de devolverlo, pero el vendedor nos convenció con mucha sagacidad de que nos quedáramos con él.

Recuerdo que, a pesar de vivir con temperaturas de 20 y 30 grados bajo cero en Chicago, ¡el auto nunca tuvo calefacción! Un día hasta le fundimos el motor porque comenzó a perder aceite y su panel de instrumentos ni siquiera lo avisó. Gastamos lo que no teníamos en ese auto, y nunca pudimos hacer que funcionase como correspondía. Un día, en vez de venderlo, ¡casi terminamos pagándole a un señor para que se lo llevara!

Gastábamos regularmente más dinero de lo que ganábamos (no mucho más, pero con consistencia y a través de los años, las deudas se nos acumulaban). Les habíamos pedido prestado a los suegros de ambos, a los amigos, a los parientes ¡y hasta a la abuela, que tenía casi 94 años!

La verdad es que no sabíamos cómo salir del asunto y ni siquiera entendíamos cómo nos habíamos metido en los problemas que teníamos.

Por eso es que decidí escribir este libro: en nuestra casa entendemos perfectamente el sentimiento de esclavitud que uno tiene cuando le debe a todo el mundo, y la única luz en el camino que ve parece ser la de un autobús de larga distancia, ¡que se nos viene encima!

1

¿Por qué nos endeudamos?

Nadie se convierte en un esclavo de las deudas y de los acreedores por voluntad propia. En general, uno comienza a endeudarse de a poco y casi sin quererlo. Ocurren ciertos eventos en nuestra vida que nos llevan a tomar préstamos porque creemos que no hay ninguna otra opción. No vemos otro camino, y para cuando nos damos cuenta, estamos casi al borde del precipicio, si es que ya no hemos caído.

En general, hay varias razones por las que nos endeudamos, y después de tantos años de viajar por el continente y de hablar con miles de familias e individuos, creo que las más comunes son:

- Violamos los Principios de la Prosperidad.

- No ahorramos con regularidad.

- Vivimos en un estatus social al que no pertenecemos.

- No confiamos en Dios.
- Nos rebelamos contra la voluntad de Dios y su provisión.

Aquí voy a hacer una aclaración: cuando enumero estas razones, no estoy incluyendo las calamidades, el robo organizado ni el abuso y malversación de fondos a nivel del gobierno, que en algunos casos, como en Argentina, Brasil, Ecuador o México ha causado a los ahorristas la pérdida repentina de grandes sumas de dinero.

Sin embargo, yo creo que si uno pone en práctica los principios y valores que compartiremos a continuación y hace un serio esfuerzo por vivir una vida libre de deudas durante la época de las vacas gordas, cuando vengan los tiempos de las vacas flacas va a estar mucho mejor posicionado para sobrevivir al desastre.

LOS PRINCIPIOS DE LA PROSPERIDAD

«¿Qué es el hombre...?
Lo hiciste señorear sobre las obras de Tus manos;
todo lo pusiste debajo de sus pies...»
                                                —REY DAVID[2]

Una de las primeras actitudes que debemos cambiar en nuestra vida es la forma en la que nos vemos a nosotros mismos en relación con las cosas que nos rodean. Para eso es importante contestar a la pregunta filosófica de por qué existimos y cuál es nuestra tarea en el mundo.

Obviamente, esa pregunta es demasiado abarcativa para un libro tan pequeño como éste. Sin embargo, en cuanto al área de manejo económico, es interesante saber que de las tres religiones monoteístas con más extensión del planeta —la de los pueblos cristiano, musulmán y judío—, todas tienen la misma respuesta para esta pregunta: existe un Creador, y nosotros, sus criaturas, hemos sido colocados en este mundo para administrarlo.

Sea usted religioso o no, es sugestivo que este principio de administración se encuentre tejido en nuestra humanidad como una fibra que tenemos en común más allá de las culturas y trasfondos sociales. Este es un Principio con mayúscula. El primer Principio de la Prosperidad.

A lo largo de los años he notado que la capacidad de una determinada persona para verse a sí misma como administrador, gerente o mayordomo de las cosas que posee es determinante en el proceso de tomar las decisiones adecuadas para alcanzar la prosperidad integral.

Cuando se encuentre frente a una casa que quiere comprar, o a un automóvil que está pensando adquirir, esta actitud hacia la vida será determinante para que lleve a cabo esa transacción con éxito o que fracase en el proceso.

Permítame aclararle el concepto con un ejemplo…

Suponga que tengo un amigo que se llama Roberto. Vive en Venezuela y lo han elegido gerente general de una cadena de supermercados. Esta empresa tiene más de 50 negocios en todo el país. Al llegar el fin de año Roberto nota que uno de los supermercados en Maracaibo no está andando bien. Tiene pérdidas desde hace 3 años y a pesar de los esfuerzos hechos para reavivar el negocio en esa zona de la ciudad, este año ha cerrado nuevamente con pérdidas. Entonces, ¿qué es lo que debe hacer Roberto como gerente de esa cadena de supermercados? Probablemente debe cerrar ese negocio con problemas y estudiar la posibilidad de abrir otro en alguna otra parte, ¿no es cierto?

Por otro lado está Federico. Vive en Puerto Rico. Tiene una tienda que fundó su abuelo. El abuelo se la dio en heredad a su padre y este se la pasó en herencia a él. El problema es que en los últimos tres años el negocio no ha andado muy bien. El año pasado dio serias pérdidas y este año no mejora.

La pregunta clave, ahora, es: ¿a quién le va a costar más, emocionalmente, cerrar el negocio? ¿A Roberto o a Federico?

Si bien Roberto debe manejar una suma millonaria de dinero para cerrar el supermercado en Maracaibo, probablemente no va a sufrir emocionalmente tanto como sufrirá Federico en el proceso.

¿Por qué? Porque Roberto es simplemente un gerente, un administrador de una cadena de negocios. Para él la decisión ha sido clara y la ha tomado con la cabeza fría. Tendrá problemas, será complicado, pero la historia con Federico será muy, muy diferente. La diferencia está en que la tienda de Federico es de él, él es el dueño.

Esa es la gran diferencia entre ser dueños y ser administradores. El primer principio que debemos aplicar a nuestra vida es que nosotros tenemos que aprender a ser administradores de las cosas que tenemos, NO dueños. La mayoría de la gente se ve a sí misma como dueña.

El dueño está emocionalmente apegado a sus posesiones. El administrador está emocionalmente desprendido de las cosas materiales que maneja.

El dueño tiene dificultad en tomar las decisiones difíciles que se necesitan tomar y, muchas veces, las toma demasiado tarde. El administrador sabe que las posesiones que maneja no son suyas y, por lo tanto, despegado de las emociones, puede tomar las decisiones difíciles fríamente y a tiempo.

Esta, a veces, es la diferencia entre la vida y la muerte económica.

A veces la gente me dice: «Andrés, teníamos tantas deudas que perdimos la casa». A lo que me gusta contestar: «¿Sabes por qué la perdiste? ¡Porque era tuya!» Si uno no se siente dueño de la propiedad, nunca la puede «perder».

Simplemente está transfiriendo un activo a un pasivo: tenía una propiedad y la vendió para saldar una deuda. Fue una transacción económica hecha con la cabeza fría.

Si usted no puede mirar las cosas materiales que tiene con la cabeza fría, entonces debe tener mucho cuidado en la forma en que arriesga su capital. Recuerde que uno debe morir para vivir, dar para recibir y perder para ganar. Es importantísimo vernos a nosotros mismos como administradores de las cosas que Dios ha puesto en nuestras manos y no como dueños de ellas[3].

Creo que el desprendernos emocionalmente de las cosas materiales que tenemos es el primer paso en la dirección correcta para disfrutar de lo que he llamado en otros libros la *prosperidad integral*.

Aprenda el arte del contentamiento

> *«No hay crimen más grande que el tener demasiados deseos; no hay un mayor desastre que el no aprender a estar contento; no hay una peor desdicha que el ceder frente a la codicia».*
>
> —Tao Te Ching[4]

El segundo Principio de la Prosperidad es el Principio del Contentamiento. Este principio nos enseña que *debemos aprender a estar contentos y a disfrutar de la vida sin importar el lugar en el que estemos colocados en la escala social*.

Hay que notar que he dicho contentos y no conformes. Hay una importante diferencia entre la persona conformista —que puede llegar a tener tendencias de haragán—, y aquella que ha aprendido a ser feliz en el nivel social en el que se encuentre, gane 100, 1.000 o 10.000 pesos por mes. Uno debe tener el profundo compromiso de hacer las cosas con excelencia y de avanzar económicamente en la vida. Pero, al mismo tiempo, debe aprender a disfrutar con intensidad del lugar en el que se encuentra hoy.

Una buena cantidad de problemas que la gente sufre como resultado de haber adquirido una gran cantidad de deudas proviene porque han hecho una mala inversión en alguna compra mayor —casa, auto, etc.— o porque están insatisfechos con el nivel de vida que le proveen sus ingresos.

Esa gente, en algún momento, pega un salto en la escala social comprando una casa más grande de la que puede pagar, un auto más caro que el que debería tener o mudándose a un barrio más costoso del que le convendría vivir. Ese salto, con el tiempo, le trae serios problemas porque sus recursos económicos no le alcanzan para sostenerse en el nuevo nivel social y hacer un mantenimiento preventivo de sus finanzas, como por ejemplo ahorrar con regularidad.

Muchos en nuestro continente creen que, aunque el dinero no hace la felicidad, al menos ayuda. Eso lo decimos porque, en general, los latinoamericanos no vivimos en una sociedad de abundancia como la europea o la norteamericana.

Si lo hiciéramos, nos daríamos cuenta de que esta idea, a veces citada en un contexto un tanto jocoso, proviene de una premisa equivocada, de un paradigma erróneo: la creencia de que los bienes materiales pueden satisfacer nuestras necesidades emocionales y espirituales como, por ejemplo, la necesidad de la alegría, del amor o de la paz. Esa es la base filosófica de lo que comúnmente llamamos el materialismo.

Es cierto que tener dinero es más divertido que no tenerlo. Ahora que tengo amigos de muchos recursos económicos me doy cuenta de lo divertido que es tener dinero: uno puede comprarse las cosas que siempre le han gustado, puede vivir en la casa de sus sueños, puede viajar con regularidad y puede entretener y hacer fiestas para sus amigos. Sin embargo, es importante notar la diferencia entre diversión y felicidad. Son dos cosas realmente diferentes.

Con dinero se puede comprar una casa, pero no se puede construir un hogar; se puede pagar una educación, pero no se puede adquirir sabiduría; pueden facilitarse los medios para un trasplante de corazón, pero no proveernos de amor.

A lo largo de los años he notado, contrariamente a las creencias populares, que no es la pobreza la que desintegra a las familias. Desde el punto de vista económico, son las malas decisiones financieras y las deudas acumuladas las que crean tensiones tan altas que, eventualmente, terminan en el rompimiento de la relación matrimonial.

Cuando uno es pobre —y mi esposa y yo somos testigos de ello—, la pareja se une más y trabaja duramente para lograr la supervivencia de la familia. Cuando uno acumula deudas y maneja incorrectamente su dinero, los fondos empiezan a faltar y las acusaciones comienzan a hacerse oír más frecuentemente. Luego siguen los insultos, los maltratos y, finalmente, la separación.

La vida abundante, otra de las formas de llamar a la prosperidad integral, no depende exclusivamente de nuestra capacidad económica. Depende de la forma en la que elegimos vivir cada día y tiene más que ver con una actitud del corazón que con el estado de una cuenta bancaria.

Jesús nuestro Señor dice en el capítulo seis del Evangelio según San Mateo: *«¿No es la vida más que el alimento, y el cuerpo más que el vestido?»*

Algo muy importante para recordar, entonces, es que la tarea más importante en la vida es, justamente, vivir. Donde vivir significa mucho más que meramente existir. Significa dejar de correr detrás de las cosas materiales y superficiales y comenzar a perseguir las cosas más profundas de la vida.

Tengo un examen para probar nuestros conocimientos sobre este tema.

En un interesante estudio realizado recientemente por la televisión educacional estadounidense sobre el consumismo en aquel país y publicado en Internet,[5] se descubrió que el porcentaje de estadounidenses que contestó diciendo tener vidas muy felices llegó a su punto más alto en el año... (elija una de las siguientes fechas):

A) 1957   B) 1967   C) 1977   D) 1987

La respuesta correcta está en la letra «A». La cantidad de gente que se percibía a sí misma como muy feliz llegó a su pico máximo en 1957, y se ha mantenido bastante estable o a declinado un poco desde entonces. A mí me resulta interesante notar que la sociedad estadounidense de nuestros días consume el doble de bienes materiales de los que consumía la sociedad de la década del 1950. Sin embargo, y a pesar de tener menos bienes materiales, aquellos se sentían igualmente felices.

Entonces, el tamaño de la casa, el estatus del barrio donde se encuentra o el tipo de automóvil que manejamos puede que nos divierta mucho, pero tiene muy poco que ver con la felicidad en la vida.

Vivir nuestra vida, y vivirla en abundancia, es aprender a disfrutar viendo a nuestros niños jugar en el fondo de la casa. Es la lágrima derramada después de rezar el Padre Nuestro junto a sus camas. Es darles a nuestros niños el besito de las buenas noches. Es preocuparnos por la vida de la gente, ayudar a pintar la casa del necesitado, arreglarle el auto a una madre sin esposo y escuchar en silencio hasta cualquier hora de la noche el corazón del amigo herido.

Vivir en abundancia significa extender la mano amiga a los pobres, aprender a restaurar al caído y a sanar al herido. Significa, para los varones, poder mirar a nuestra esposa a los ojos y decirle sinceramente «te amo». Poder llegar a ser un modelo de líder-siervo para nuestros niños. Significa dejar una marca más allá de nuestra propia existencia.

Poco tiene que ver este concepto de la felicidad y la satisfacción personal con las enseñanzas de los comerciales televisivos o con los evangelistas del materialismo. Poco tiene que ver con lo que se enseña en los círculos afectados por los medios de comunicación social de hoy en día. Si en algo estoy de acuerdo con aquella frase del comienzo es que el dinero no hace la felicidad y, sinceramente, no sé cuánto ayuda.

Propóngase hoy darle una mirada honesta al lugar en el que se encuentra en la escala social de su país. Pregúntese: ¿tengo paz en mi vida económica? Si no tiene paz en el contexto económico en el que le toca vivir, quizás es hora de tomar algunas decisiones importantes, tanto financieras como personales y familiares. Ajuste su nivel de vida y, en lugar de correr detrás de la acumulación económica, decida ser feliz. Usted es el único que puede hacerlo. Yo no puedo cambiar su actitud frente a la vida. Lo tiene que hacer usted hoy mismo.

Para poner en práctica

Escriba, aquí mismo, su decisión de ser feliz en el lugar en el que se encuentra. Disfrute de los ascensos en su trabajo, déle la bienvenida a los incrementos de salario, pero no pierda el sueño por ellos. Decida ser feliz hoy mismo con los recursos que Dios le ha provisto.

_____

_____

_____

_____

_____

Firma y fecha

Ejercite la perseverancia

> «La paciencia nos protege de los males de la vida como la vestimenta nos protege de las inclemencias del tiempo».
>
> —LEONARDO DA VINCI

A este dicho, Cervantes le podría agregar: *«La diligencia es la madre de la buena suerte»*. Alguien alguna vez dijo: *«Yo creo en la buena suerte… aunque me he dado cuenta de que cuanto más trabajo, más suerte tengo»*.

El tercer Principio de la Prosperidad que debemos tener en cuenta cuando hablamos de cambiar nuestra actitud respecto de las finanzas tiene que ver con el ejercicio de la paciencia diligente, de la perseverancia.

Hago una diferencia entre la paciencia en general y la paciencia diligente porque muchas veces encuentro que la gente tiene una idea fatalista de la paciencia. Creemos que es sinónimo de rendirnos a nuestra mala suerte o a las circunstancias en las que vivimos. Pensamos en la idea de sentarnos, mirando el techo y esperando sin hacer nada a que ocurra un milagro o a que las circunstancias cambien en nuestra vida.

Esa no es la paciencia de la que estamos hablando. Estamos hablando de una paciencia en movimiento, la paciencia diligente, la perseverancia a través del tiempo. Confucio decía: *«Nuestra mayor gloria no está en que nunca hemos fallado, sino en que cada vez que fallamos nos hemos levantado»*.

El ejercer la perseverancia desde el punto de vista económico requiere salirnos de la actitud y la cultura imperantes a nuestro alrededor para comenzar a mirar la vida desde un punto de vista diferente. El problema que experimentamos como hispanoparlantes es que las continuas dificultades económicas de nuestros países latinoamericanos han promovido desde nuestra niñez la actitud del «ya y ahora».

Entonces, cuando tenemos la oportunidad de comprar algo o de realizar alguna inversión, miramos lo que es más conveniente a corto plazo: hoy tenemos y hoy gastamos, porque pensamos, ¿quién sabe qué es lo que va a ocurrir mañana con la economía del país?

Sin embargo, en la nueva economía de mercado que está trayendo el proceso de globalización económica, esas presuposiciones quedarán arcaicas, fuera de contexto. Serán aquellos que vean sus finanzas como una carrera de larga duración —incluso como una carrera que continuarán corriendo nuestros herederos—, los que, eventualmente, lograrán los mejores rendimientos económicos.

De acuerdo con el libro «El millonario de al lado», de Stanley y Danko, «más del 80% de los millonarios de los Estados Unidos de la actualidad es gente común y corriente que ha acumulado riquezas en una generación. Lo hicieron lentamente, consistentemente, sin ganar la lotería».[6]

Ahorre con regularidad

> *«El hombre superior se asegura de juntar todas sus armas con el fin de proveerse protección contra lo inesperado.»*
>
> —CONFUCIO[7]

Benjamin Franklin solía decir: *«Un centavo ahorrado es un centavo ganado»*. Esa es una gran verdad: una de las formas más efectivas de incrementar nuestro salario es reduciendo nuestros gastos. Ahorrar es una muy buena manera de darse un aumento de sueldo a uno mismo.

El hombre considerado el más rico y sabio en la historia del mundo, el famoso rey Salomón, solía aconsejarle a sus súbditos que aprendieran de las hormigas, que sin capitán ni jefe que las mande, ahorran durante el verano para cuando venga el invierno de sus vidas[8].

Muchos de los problemas de deudas que tienen las familias son el resultado de no ahorrar con regularidad. Cuando tienen dinero —poco o mucho—, lo usan todo mes tras mes. Entonces, cuando llega el invierno de la vida o cuando llegan los tiempos de las vacas flacas, no tienen un colchón de dinero suficiente como para afrontar esas situaciones.

Mucha gente que tiene deudas me dice: «Andrés, estamos endeudados porque lo que pasó es que vino algo inesperado a nuestras vidas». Y yo les contesto: «Lo inesperado no sería tan inesperado ¡si lo estuvieras esperando!» Y una magnífica manera de esperar lo *inesperado* en el ámbito económico es ahorrar con regularidad.

Nuestra generación se ha olvidado del colchón de los abuelos. Nuestros abuelos siempre tenían dinero debajo del colchón «para los días malos». Sin embargo, en nuestros días, no solamente hemos empeñado el colchón, sino que a veces ¡también hasta hemos empeñado a los abuelos!

Debemos volver al ahorro regular: ahorre en moneda nacional, ahorre en moneda extranjera, ahorre comprando algo que pueda vender por el mismo precio (o más caro) más adelante, ahorre comprando un terrenito en algún lugar… Sea creativo, ¡ahorre!

Ponga en práctica el dominio propio

«*A pesar de que un hombre pueda conquistar a miles y miles de valientes enemigos, su victoria mayor no estará en conquistar enemigos, sino en conquistarse a sí mismo*».

—Jainism. Uttaradhyayana Sutra 9.34

El último principio que enfatizaremos como vital para llegar a la prosperidad integral en la vida es el dominio propio.

Uno podría definirlo como la habilidad para llevar a cabo algo que se nos ha pedido hacer, para modificar un comportamiento, para posponer una acción y para comportarnos de una manera socialmente aceptable sin ser guiados o dirigidos por alguna otra persona.

El dominio propio es un elemento esencial y una marca clara del carácter maduro de un individuo. Sin él, es imposible hacer un plan financiero y llevarlo a cabo. Sin dominio propio es imposible poder poner en práctica los secretos e ideas que les daré en algunas páginas más.

En el cristianismo se nos enseña que los frutos del Espíritu son amor, gozo, paz, paciencia, benignidad, bondad, fe, mansedumbre y dominio propio.

La derrota en esta guerra contra sí mismo es la razón más común por la que organizaciones de ayuda financiera en los Estados Unidos mantienen a decenas de miles de consejeros ocupados durante todo el año. La falta de dominio propio en el país del Norte está provocando una cantidad asombrosa de quiebras, tanto personales como empresariales, la cantidad más grande en la historia del país.

Para entender la seriedad del problema que tenemos frente a nosotros respecto del dominio propio sólo bastaría observar el crecimiento de la industria que ayuda a la gente a perder peso o de la expansión de nuevos problemas de salud que, fundamentalmente, son el resultado de un comportamiento riesgoso, como la drogadicción, las enfermedades venéreas y el sida.

Dice un antiguo proverbio chino: «*Los ingenieros guían las aguas [...], los carpinteros doblan la madera y los virtuosos se doblegan a sí mismos*».[10]

«*Más vale el hombre paciente que el héroe*», dicen los escritos de Salomón, «*el dueño de sí que el conquistador de ciudades*».[11]

El principio de dominarse a sí mismo es otro Principio de la Prosperidad. El aprender a valorar el dominio propio y lograr dominarse a sí mismo en el área de las finanzas está clavado en el corazón de los secretos para lograr tomar decisiones de compras en forma inteligente y para lograr acceder al camino de la prosperidad integral.

Sin embargo, usted hará lo que su mente piensa y su mente piensa lo que usted le dice que debe pensar. Hay una serie de frases de nuestro consumismo popular que se han metido en nuestro vocabulario de todos los días y que nos arruinan las posibilidades de salir adelante económicamente. Permítame mostrarle algunos ejemplos:

- Dése un gusto. ¡Usted se lo merece!
- ¿Qué le hace una mancha más al tigre?
- Compre y ahorre.
- Compre ahora, pague después.
- Esta es una oferta especial que no se repetirá jamás en su vida.
- La última cuenta la paga el diablo.
- «Usted necesita…», y aquí viene siempre el artículo que le quieren vender.
- «Lo importante es disfrutar el hoy».
- ¿Por qué esperar?

Si usted cree las farsas de aquellos que se quieren enriquecer a cuesta de su trabajo, terminará en la mediocridad. Pero si va a salir del nivel en el que se encuentra, solamente lo podrá hacer, como decía Einstein, llevando su mente a un nuevo nivel de pensamiento. «Siembra un pensamiento y cosecharás una acción», dice un famoso dicho popular, «siembra una

acción y cosecharás un hábito; siembra un
cosecharás carácter; ¡siembra carácter y cosec..
destino!»

La capacidad para concretar su destino económico está en sus manos: debe tener el ardiente deseo y el absoluto compromiso personal para llevar a cabo su plan. Debe tener un compromiso absoluto con el plan de control de gastos que le enseñaré más adelante y debe comprometerse muy seriamente con el nivel máximo de gastos que ha de establecer.

A estas alturas, entonces, es tiempo de introducir un elemento clave en el control de su destino económico: el poder de la voluntad.

El poder de la voluntad

Hace algunos años atrás, Alicia, una amiga de mi familia, tuvo una embolia cerebral. Cuando el coágulo de sangre que circulaba por sus venas finalmente se detuvo en el cerebro causando la embolia, la mitad de su cuerpo quedó paralizado. La falta de oxígeno había destruido células críticas para el pasaje de información que permitían el movimiento de la parte derecha de su cuerpo y del habla.

Dos años y medio más tarde, si uno veía a Alicia por primera vez, nunca se hubiese imaginado que había estado paralizada y muda por casi un año y medio.

¿Qué ocurrió? ¿Cómo se sanó? Bueno, pues se sanó, primero —como siempre—, por la gracia de Dios. Pero en segundo lugar, se sanó por el maravilloso poder de la voluntad de su cuerpo, ¡aun sin ella misma quererlo!

Casi desde los inicios de su tratamiento, su cerebro comenzó a buscar formas de contrarrestar el problema de comunicación interna que tenía. El cerebro de Alicia sabía que tenía problemas para comunicarse con los músculos para llevar adelante las tareas necesarias. También sabía de las células destruidas por la enfermedad. Sin embargo, en vez de abandonarse a «su destino», como muchas personas lo hacen en Latinoamérica, el cerebro de Alicia comenzó incansablemente a buscar otras rutas de comunicación.

Los doctores y Alicia ayudaron con ejercicios para refinar el trabajo cerebral, y con el tiempo y mucho esfuerzo, Alicia volvió a caminar, a mover sus brazos y a hablar normalmente.

A pesar de que este no es el resultado de todos los pacientes con este tipo de enfermedad, la enseñanza que nos deja nuestro cuerpo es que nuestro Creador nos hizo con una tendencia natural hacia la lucha y no hacia la resignación. Nuestro cuerpo luchará por mantenerse funcionando hasta el mismo momento en el que el caos total nos cause la muerte.

Que en un accidente perdamos algún miembro importante de nuestro cuerpo no quiere decir que las plaquetas de la sangre no irán a tratar de tapar el lugar por donde está ocurriendo la hemorragia, o que los glóbulos blancos no irán a tratar de combatir a los gérmenes que están tratando de entrar a nuestro organismo. Todo lo contrario. Lo harán y lucharán hasta perecer en la batalla.

Nosotros no estamos hechos para entregarnos al «destino». Estamos hechos para conquistar la Tierra y subyugarla. Estamos hechos para ganar.

«Todo lo pusiste debajo de sus pies» —de los pies del ser humano—, dice el rey David en el Libro de los Salmos. Uno de los regalos más preciosos que nos dio nuestro Dios es el regalo de nuestra voluntad y de nuestro poder de decisión.

El ejemplo de Viktor E. Frankl

Hace algún tiempo atrás, mientras leía a Stephen R. Covey en «Los siete hábitos…» me encontré con la historia de este conocido psiquiatra judío. Me gustaría contársela.

Frankl era un psiquiatra determinista: creía que las cosas que a uno le ocurrían cuando niño determinaban cómo uno iba a ser en la edad adulta. Una vez que los parámetros de la personalidad estaban establecidos no había mucho que uno pudiera hacer más adelante para cambiarlos.

Frankl cayó prisionero de los nazis y fue llevado con su familia a un campo de concentración. Casi todos sus parientes perecieron en el campo y Viktor fue víctima de numerosas torturas y horribles presiones sin saber si viviría para ver una nueva mañana. Un día, solo y desnudo en un rincón del pequeñísimo cuarto donde lo tenían, descubrió lo que él mismo llamó más adelante «la última de las libertades del hombre», una libertad que nadie jamás le podría quitar.

Viktor Frankl se dio cuenta de que los nazis tenían el poder para controlar todo su entorno, todo el ambiente en el que él se movía, pero no tenían el poder para controlar cómo él mismo reaccionaría frente a la situación en la que se encontraba. El todavía tenía la libertad de decidir de qué manera esa situación le afectaría interiormente.

El podía decidir si dejaría que sus circunstancias lo destrozaran emocionalmente o si, en medio de ellas, continuaría creciendo como persona, manteniendo la calidez de su vida interior en medio del crudo invierno del nazismo en su país.

Es cierto que para cada acción existe una reacción; para cada estímulo, una respuesta. Pero Viktor Frankl, en medio de los horrores del campo de concentración nazi, descubrió un principio fundamental de la naturaleza humana: *que entre el estímulo y la respuesta, el ser humano tiene libertad de elección, tiene el poder para decidir.*[12]

Es por eso que muchos de nosotros tomábamos la guitarra y, durante los recreos que teníamos en la escuela primaria o secundaria, cantábamos con alegría a pesar de que estábamos viviendo las épocas más duras de la dictadura militar en nuestros países latinoamericanos. Elegíamos ser felices a pesar de las circunstancias.

Usted tiene la libertad de elegir hoy cómo va a responder a las circunstancias en las que se encuentra. Puede elegir desesperarse, amargarse, rendirse; o puede elegir que hoy será el último día en el que el dinero lo domine y le amargue la existencia.

Usted puede elegir hoy mismo disfrutar de calidez interior para con usted mismo y para con los que lo rodean, a pesar de estar pasando por un terrible invierno financiero.

Usted puede elegir hoy mismo, como lo hace su cerebro, reconocer cuáles son las áreas muertas de su carácter y determinar que, a partir de hoy, cueste lo que cueste y lleve el tiempo que lleve, va a encontrar una nueva ruta para llegar a sus metas.

Usted puede hacerlo. Dios lo creó para conquistar la Tierra, no para ser arrasado por sus circunstancias.

¡Hagámoslo juntos!

A VECES HAY OTRAS RAZONES

Nuestro nivel social

El vivir fuera del nivel social que nos pertenece es una de las causas más comunes de contraer deudas entre los miembros de la nueva clase media latinoamericana. Lo mismo afecta a los latinos que viven en Canadá, los Estados Unidos y Puerto Rico.

Cuando le muestre cómo hacer un plan de control de gastos, usted se dará cuenta de que muchas veces nosotros creemos tener mucho más dinero disponible del que realmente tenemos. Por consiguiente, compramos una casa más grande que la que deberíamos comprar —si es que deberíamos tener una casa—, o un auto más moderno del que podemos pagar, ropa más costosa de la que deberíamos tener o nos metemos en un negocio sin tener los recursos necesarios para llevarlo a cabo.

Le recomiendo que analice seriamente dónde está plantado hoy día en el nivel social de su país, y si realmente no quiere tener deudas, comience —con la cabeza fría de un buen administrador—, a rearreglar su posición económica y social para poder afrontar sus gastos y tener un excedente.

No deje que las emociones lo guíen. Recuerde que la casa o el auto que tiene no son suyos. Usted lo maneja, usted disfruta de esa casa, pero en realidad no son suyos. Usted solamente es un administrador de esas propiedades. La tarea más importante en la vida económica es romper con el edonismo y convertirnos en fieles administradores de las posesiones que hemos recibido.

Si usted no es religioso o no asiste a una comunidad de fe, puede saltarse los siguientes puntos e ir directamente a las reglas para pedir prestado.

Nuestra poca confianza en Dios

Muchas veces en el ámbito de las finanzas somos más «cristinos» que cristianos. Decimos una cosa, pero al momento de actuar, hacemos otra. Decimos que confiamos en Dios en cuanto a nuestra provisión, pero muchas veces tratamos de darle una mano… por las dudas.

Recuerdo una ocasión en la que visitaba a un grupo de líderes cristianos en una ciudad de los Estados Unidos con el fin de ayudarlos a pensar sobre algunas cosas que necesitaban hacer para acceder a los medios de comunicación de su área —fui por varios años el presidente de la *Hispanic National*

Religious Broadcasters en ese país—. Ellos me contaron que estaban a punto de acceder a una emisora de radio.

Con el correr de la conversación me enteré de que el grupo estaba a punto de firmar un contrato por casi medio millón de dólares para estar en el aire unas 60 u 80 horas por semana durante todo un año. Cuando les pregunté cuánta plata tenían en efectivo para hacer el trato me dijeron: «Nada». Incluso habían contactado a unos 20 pastores de la ciudad pidiéndoles *prestado* 4.000 dólares a cada uno para poder afrontar el anticipo (o enganche) que la radio les requería al momento de firmar el contrato.

Entonces me saqué la gorra de comunicador social, me puse la de conceptos financieros y les pedí permiso para compartir algunas ideas con ellos.

«En primer lugar, les dije, no es muy sabio empezar sin capital, porque los dos primeros años de operaciones de cualquier negocio no traen rentabilidad. Quizá sería bueno primero tener una buena cantidad de dinero en el banco y luego comenzar las operaciones. Hay muchos otros compromisos que es necesario tener en cuenta cuando uno empieza una programación radial, más allá de la compra del espacio».

En segundo lugar les comenté que ellos estaban a punto de violar un principio muy importante: el Principio de la Fianza o Compromiso al Descubierto. Este principio lo voy a explicar en detalle más adelante, pero por ahora voy a definirlo como «la situación en la que uno cae cuando se toma un compromiso sin tener una forma cierta de poder pagarlo». Ellos, por supuesto, no tenían, ni de lejos, una forma cierta de pagar los 500.000 dólares con los que se estaban comprometiendo.

Entonces les sugerí dos cosas para no violar este importante Faro de San Sebastián e irse a pique en unos pocos meses:

Primero: una de las formas de evitar caer en un Compromiso al Descubierto es colocar un bien inmueble como garantía de la transacción —como algunas de sus casas, o algún edificio de las iglesias a las que ellos pertenecían—. Si el préstamo, por alguna razón, no se puede pagar, entonces la radio se podría quedar con la casa o el edificio de la iglesia, pero el grupo quedaría libre de la deuda.

Por supuesto, nadie quiso poner ninguna de sus propiedades en garantía.

Segundo: otra de las formas de evitar caer en un Compromiso al Descubierto es abrir una cuenta de banco, salir a buscar donantes, levantar el medio millón de dólares necesarios para el funcionamiento de la radio por un año y, entonces, cuando se tiene todo el dinero en el banco, firmar el contrato. De esa manera hay una forma cierta de cumplir con el compromiso y la palabra empeñada.

Tampoco el grupo quería hacer esto: estaba empeñado en llevar a cabo sus planes tal como los habían pensado. Era obvio que no querían tomarse el tiempo y hacer el gran esfuerzo que significa levantar los fondos antes de comenzar las operaciones. Fue entonces cuando uno de sus miembros, con mucho respeto, me dijo: «Andrés, es importante que usted entienda que esta es una empresa de *fe*».

Yo no quise ir demasiado profundo en el asunto. Sin embargo, para educación de todos nosotros, le demostraré a continuación que la decisión que estaban tomando no tenía nada que ver con la fe y sí con un poco de testarudez, otro poco de falta de compromiso personal y, por sobre todo, con una profunda ignorancia de los principios eternos que deben guiar nuestra toma de decisiones económicas.

Fe, según los escritos del libro de los Hebreos, es «la certeza de lo que se espera, la convicción de lo que no se ve». Lo que tenían estos líderes, obviamente, no era fe. Por dos razones. *Primero*, si hubieran tenido la certeza —la convicción absoluta— de que ese era el llamado de Dios para ellos, no hubieran tenido ningún problema en colocar sus propiedades como garantía de la transacción. Pero la duda y la falta de decisión para comprometer sus bienes materiales simplemente demostraba que no estaban actuando con fe en sus corazones: no estaban 100% seguros de que ésa era la voluntad de Dios para ellos. *Segundo*, si bien el grupo no estaba persuadido de que Dios proveería el dinero *después* de haberse firmado el contrato, tampoco tenía fe de que Dios podría proveerlo *antes*: no creía que se pudiera juntar medio millón de dólares en dinero en efectivo para un proyecto de medios masivos en su ciudad. Estaba midiendo el bolsillo de Dios con su propio bolsillo.

De mi parte, por estar involucrado con los medios de comunicación por tantos años, no me cabía la menor duda de que el dinero se podía juntar antes de comenzar el proyecto. En realidad yo no tenía fe, tenía experiencia. Sabía que un proyecto de medios de comunicación siempre atrae a grandes donantes por el impacto potencial que la radio y la televisión tienen en la población.

Incluso en los viajes que uno hace se encuentra con gente que podría escribir un cheque por la cantidad total necesaria y ¡ni siquiera pestañear!

Entonces ellos no tenían fe de que Dios iba a proveer el dinero después de firmar el contrato, y tampoco creían que Él lo pudiera proveer antes. La fe del grupo no estaba en Dios: estaba en ellos mismos.

Tenían fe en su programa de mercadeo y en su propia capacidad para revender los espacios que le estaban comprando a la emisora. Pensaban que cuando se lanzara el proyecto, todas las iglesias y ministerios querrían ser parte del asunto y comprarían espacios. De allí vendría el dinero para pagar la deuda contraída en el contrato anual, no de Dios.

Aquí va un principio muy importante: uno nunca necesita violar la Palabra de Dios para hacer la voluntad de Dios. Puede ser que usted crea que le estoy diciendo todo esto porque he vivido muchos años en los Estados Unidos y estoy desconectado de la realidad latinoamericana. Nada más lejos de la verdad.

En los primeros 6 años de vida le hemos enseñado principios de administración integral a más de 3.700.000 latinoamericanos. Tengo casi 1.000.000 de kilómetros recorridos por el continente.

Y veo dos problemas básicos. Los latinos tomamos compromisos sin tener una forma cierta de pagarlos. Hacemos votos sin saber cómo los vamos a cumplir. Comenzamos a construir nuestras torres sin saber cuánto nos van a costar. Vamos a la batalla sin conocer al enemigo. Somos grandes líderes, pero pobres administradores. Decimos que creemos en Dios, pero en realidad no le creemos cuando Él nos dice «no». Nos dejamos llevar por nuestros impulsos y emociones y no por nuestros principios. Por otro lado, los hombres de negocios, en particular, tenemos la costumbre de tomar compromisos presentes basados en ganancias futuras. Esa es otra violación a los Principios de la Prosperidad. El futuro no nos pertenece. Nuestros compromisos presentes deben estar siempre basados en ganancias pasadas, no futuras.

Si tiene dudas respecto de alguna decisión económica que necesita tomar, escríbanos a conceptosfinancieros@crown.org

Salirnos de la voluntad de Dios

El ejemplo anterior nos sirve para meditar sobre otro importante peligro por el cual aquellos que nos llamamos cristianos muchas veces nos endeudamos: no queremos aceptar la voluntad y la provisión de Dios en un momento determinado de nuestras vidas.

Como Dios no nos provee de los fondos para hacer lo que queremos hacer estamos dispuestos a ser esclavos de nuestros acreedores, y colocar a nuestros ministerios e iglesias como esclavos de los bancos y financieras en lugar de ser esclavos exclusivos de Jesucristo.

Aquellos que somos líderes, especialmente, debemos tener cuidado de no ser nosotros los que proveemos para una determinada situación, en lugar de Dios. Como poseemos una personalidad muy particular de tomadores de decisiones, tenemos la tendencia a resolver los problemas en nuestras propias fuerzas y por nuestros propios medios, en lugar de dejar que Dios controle la situación y arregle las cosas.

En general —y aquí no estoy hablando de situaciones de catástrofes o de imprevistos y situaciones extremas—, las deudas son el resultado de que no estamos conformes con su provisión para nuestra vida de hoy en día.

Como el televisor que Dios nos ha provisto no nos gusta, entonces compramos otro. Pero como no tenemos el dinero para hacerlo —porque Dios no nos lo ha provisto—, entonces nos endeudamos y lo compramos en cuotas. ¡Cuánta gente en Latinoamérica ha perdido todas las cuotas y hasta el televisor o el auto que habían comprado cuando los vientos económicos del país cambiaron repentinamente! Eso no es ser un fiel administrador.

Uno, como un buen administrador, debe saber cuándo deshacerse del negocio, cuándo vender la casa o el auto y cuándo esperar pacientemente la provisión de Dios para hacer la compra o la inversión que queremos hacer en la vida.

Nuevamente: uno nunca necesita violar la Palabra de Dios para hacer su voluntad. Si alguna decisión económica que debo tomar viola algún principio de la Palabra (sea evadir impuestos, sobornar autoridades, caer en un Compromiso al Descubierto, necesitar tener dos libros contables o violar alguna ley del país), entonces, obviamente, ese camino no es la voluntad de Dios para nuestra vida.

En cuanto a los aspectos financieros, Dios manifiesta su voluntad de dos maneras muy similares a la de nuestros propios jefes en el trabajo: proveyendo y reteniendo. Si Él retiene su provisión económica, por algo es...

2
Reglas para pedir prestado

La presión emocional que les trae a las familias hispano-parlantes el tema del endeudamiento y las finanzas ocasiona un impacto devastador en el núcleo familiar.

En los Estados Unidos las deudas en tarjetas de crédito se han cuadruplicado desde 1986, y representan la causa principal del 90% de las quiebras que se declaran en el país. El año pasado hubo más de 1.250.000 quiebras personales, la tasa más alta en la historia de la nación. En enero de 2003, el 25% de los dueños de tarjetas de crédito ¡todavía estaba pagando las deudas contraídas en la Navidad de 2001!

Lamentablemente, los que sufren las primeras consecuencias de estas tendencias hacia el endeudamiento no son los políticos ni los empresarios. Son los consejeros familiares, los sacerdotes y los pastores. El 90% de las parejas que se divorcian apuntan al aspecto financiero como uno de los más importantes en el desarrollo del conflicto.

A pesar de la frustración personal con la problemática de las deudas, debo admitir que el pedir prestado no es un pecado. Al contrario. El capítulo 15 del libro del Deuteronomio nos muestra cómo, en una economía creada por Dios mismo, el pedir prestado se permitía pero, al mismo tiempo, se regulaba.

Si se me permite, me gustaría hacer un estudio interesante en la tradición judeo-cristiana —también paralela a otras tradiciones religiosas— donde nos daremos cuenta de que los problemas de préstamos y deudas no son típicos del siglo XXI. Hace más de 3.000 años que existen buenos consejos sobre cómo manejar las deudas. Lo que pasa es que la gente es un poco lenta en entender...

Aquí, entonces, hay algunos principios importantes para tener en cuenta al momento de decidir pedir prestado.

El pedir prestado es un concepto negativo y no recomendable

En el Pentateuco, por ejemplo, Dios le dice al pueblo de Israel que si obedece sus mandamientos las cosas les irán bien, entre ellas: «...prestarás a muchas naciones, y tú no pedirás prestado». Pero si desobedece, las cosas le irán mal, y el extranjero «...te prestará a ti y tú no le prestarás a él».[13]

Obviamente, no se les prohíbe pedir prestado. Yo no creo que pedir prestado sea pecado, porque Dios mismo se lo permite al pueblo de Israel en el libro de Deuteronomio.[14] Sin embargo, en el resto de las Escrituras se presenta como algo indeseable y que uno debería hacer sólo en casos extremos; no como en nuestros días, en que el crédito se ha convertido en un integrante más de nuestra planificación financiera.

Hemos citado anteriormente un proverbio del rey Salomón que dice: «El rico se enseñorea de los pobres y el que toma prestado es siervo del que presta».[15] Y si no lo cree, deje de pagar su hipoteca ¡y después me cuenta cómo lo tratan!

El pedir prestado debe ser un compromiso a corto plazo

Cuando Dios era Ministro de Economía de Israel, las deudas no duraban más de 7 años[16]. Al final de ese período se debían perdonar. Es fácil imaginar las precauciones que tomaba el prestamista para asegurarse de que el deudor estaba en condiciones de pagarle en ese período.

No es así hoy en día con los bancos. Muchos bancos y compañías de crédito, especialmente en los Estados Unidos y Puerto Rico, están prestando dinero a gente que yo considero que jamás debería recibir un préstamo. El año pasado los estadounidenses recibieron en sus hogares ¡más de 2.000.000.000 de ofertas de tarjetas de crédito! Los prestamistas están flexibilizando las reglas para prestar dinero porque yo creo que el negocio de ellos es tener a la gente pagando intereses y no pagando sus deudas. Es por eso que la gente hoy en día se está endeudando por mucho más de 7 años. En Japón, por ejemplo, ahora las hipotecas se hacen hasta por ¡100 años!

Nosotros, entonces, deberíamos tratar de pagar nuestras deudas lo antes posible.

Lo que se pide prestado se debe devolver

Recuerdo haber leído que San Pablo les enseña a los cristianos de Roma diciendo: «Pagad a todos lo que debéis...».[17] Ese es un Principio de la Prosperidad, eterno y transcultural. Era verdad en Roma hace 2.000 años y es verdad en nuestro país hoy en día.

Si usted se comprometió con alguien a pagarle algún dinero, dio su palabra. No importa que haya firmado un papel o no. Su palabra representa su honor, su carácter, su ser, y —si usted es religioso— el honor del nombre de su Dios, porque la gente a su alrededor sabe que va a la iglesia, a la mezquita o a la sinagoga.

Esa es la razón por la que el concepto de la quiebra sin restitución del capital no debería existir en nuestras mentes. Sólo en un caso extremo —y como último recurso—, es justo usar un recurso legal de amparo como lo es la bancarrota, para protegerse del asedio de acreedores agresivos. Sin embargo, creo que es inmoral la transferencia de bienes para evitar pagar deudas, y cada una de las deudas adquiridas se deberían pagar... aunque nos tome el resto de la vida hacerlo.

Leí hace unos días en Internet que el carácter de una persona no se forja en los momentos difíciles de la vida; en esos momentos sólo sale a relucir.

No importa lo que diga la ley del país. La moral nos dice que nuestro «sí» debe ser «sí», y nuestro «no», debe ser «no»; y que es mejor no hacer una promesa antes que hacerla y no cumplirla.[18]

Compromiso al descubierto

Este es un concepto que aprendí de uno de los cofundadores de nuestra organización madre, el Dr. Larry Burkett. Como no encontré ningún equivalente cultural a este concepto, he decidido llamarlo Fianza o Compromiso al Descubierto.

La idea de caer en un Compromiso al Descubierto proviene de un proverbio antiguo del sabio Salomón, y dice así:

No seas de aquellos que se comprometen, de los que salen de fiadores de deuda. Si luego no tienes con qué pagar, ¿por qué habrán de quitar tu cama de debajo de ti?[19]

El énfasis del concepto surge de la primera y la tercera frases: *«No seas de aquellos que se comprometen ... si luego no tienes con qué pagar...»* La idea principal es que cada vez que uno se compromete económicamente debe hacerlo solamente si tiene una forma segura de pagar la deuda.

Dicho de otra manera: nuestro activo siempre debe ser mayor que nuestro pasivo. Lo que nosotros tenemos debe ser siempre de más valor que lo que debemos.

Por ejemplo: si uno compra un televisor a pagar a plazo, no bien lo lleva a su casa, ese televisor comienza a perder valor. Si quiere venderlo al mes o a los dos meses después de haberlo comprado, puede que lo tenga que vender a un 30 o 40% de descuento respecto de su valor original. Sin embargo, la deuda contraída por el televisor no ha bajado tan rápido.

Entonces, ahora, el pasivo —lo que debemos por el televisor— es más grande que el activo (el valor real del televisor en el mercado). Hemos caído en un Compromiso al Descubierto. Un gravísimo error al momento de tomar una decisión económica.

Veamos el ejemplo de un auto. Supongamos que lo compramos a 20.000 pesos, a pagar en 5 años, con un interés del 5% anual. No damos nada de anticipo (como ahora se acostumbra en muchos países), pero a los 12 meses tenemos una emergencia y lo tenemos que vender.

Un auto normalmente pierde el 30% de su valor el primer año de uso. Por lo tanto, ahora nuestro auto solamente vale unos 14.000 pesos en el mercado de los usados. La mala noticia es que nosotros todavía tenemos una deuda de 16.000 pesos. Entonces perdemos todos los pagos que hemos hecho, perdemos el auto ¡y todavía tenemos 2.000 pesos de deuda!

Este no es un ejemplo exagerado. Esta es una historia que se repite una vez tras otra en todo el continente. Es la consecuencia de caer en un Compromiso al Descubierto.

La solución para este problema hubiera sido dar un adelanto o anticipo de unos 4.000 pesos al comienzo de la transacción; de esta forma, 12 meses después, cuando vino el tiempo de las vacas flacas y algo inesperado llegó a nuestra vida, hubiésemos podido tranquilamente vender el auto, pagar los 12.900 pesos que tendríamos de deuda y quedarnos, por lo menos, con 1.000 pesos en el bolsillo.

Recuerde entonces: cada vez que entre en una deuda, la primera pregunta que se debe hacer es: ¿cómo salgo?

¡Cuidado! Uno de los peores errores financieros que puede hacer al comprar un auto o una casa es caer en un Compromiso al Descubierto. Siempre dé suficiente anticipo.

Presunción del mañana

Otro error común es tomar una deuda presente basándonos en ganancias futuras. Este error es tan común como el pan nuestro de cada día en todo el continente. En realidad, cuando hablo con medianos y pequeños empresarios en Latinoamérica, a veces me parece que la forma en que tomamos decisiones económicas en los ámbitos de negocios tiene características casi suicidas.

La enseñanza sobre la presunción también proviene de un proverbio de la antigüedad, que dice:

No presumas del día de mañana, pues no sabes lo que el mañana traerá.[20]

Todos sabemos que el mañana no nos pertenece. Sin embargo nos jugamos al futuro como a la lotería. Por eso a veces nos va tan mal ... Deberíamos evitar presumir del mañana y, cada vez que hacemos un compromiso económico en el presente, debería estar basado en ganancias pasadas y no en ganancias futuras.

A veces me dicen: «Pero Andrés, si yo compro esta máquina de 100.000 pesos y la máquina me produce suficiente como para poder pagar las cuotas, ¿por qué no hacerlo?» A lo que me gusta responder: «¿Y cómo sabes que la máquina te va a producir lo suficiente como para pagar las cuotas?, ¿cómo sabes que no te vas a enfermar de aquí a 12 meses?, ¿cómo sabes que el negocio te va a ir tan bien el año que viene como este año?»

Estas no son preguntas exageradas. Son preguntas basadas en la experiencia. De esa manera es como los negocios se van a la quiebra.

Lo mejor es estar seguros de que uno coloca una suficiente cantidad de dinero de enganche, arras o anticipo para que, si el negocio no anda muy bien al siguiente año, pueda vender la máquina, pagar la deuda y solucionar el problema.

Sólo deberíamos pedir prestado si tenemos la certeza de que podemos pagar

Entonces, continuando con la misma idea, nuestro «sí» debe ser «sí», y nuestras promesas deberían estar basadas en la verdad, sólo deberíamos pedir prestado si nuestro activo es mayor que nuestro pasivo. Sólo cuando los bienes que tenemos (activo) son mayores que el dinero que debemos (pasivo) podemos estar 100% seguros de que cuando dijimos «préstame que te lo devuelvo» o cuando usamos nuestra tarjeta para comprar algo, fuimos absolutamente honestos con nuestros acreedores.

Con el ejemplo de los autos que mencionamos anteriormente, lo mejor, por supuesto, es ahorrar primero y pagar al contado el automóvil que queremos comprar. Lo único que debemos hacer es revertir el ciclo. En lugar de comprar el auto primero y pagarlo en cuotas después, pagarnos a nosotros mismos las cuotas en una cuenta de ahorro en el banco y comprar el auto después.

Recuerde que, cuando hablamos de pagar intereses, en la nueva economía de mercado el juego se llama «El que paga, ¡pierde!»

Finalmente, entonces, cuando tomamos un préstamo, cualquiera sea el motivo, lo primero que debemos pensar es «¿cómo salgo de esto en caso de emergencia?» Debemos manejar nuestras finanzas de la misma manera que deberíamos manejar nuestro automóvil: siempre pensando hacia dónde maniobrar en caso de accidente.

3

Las tarjetas de crédito

Me gusta preguntar en nuestros seminarios y conferencias: «¿Cómo se conjuga el «verbo tarjetear?» A lo que respondo: «Se conjuga "yo debo, tú debes, él debe"».

El uso de las tarjetas de crédito se está convirtiendo en un verdadero dolor de cabeza para muchas familias en nuestros días. Las deudas y tarjetas se acumulan; y, juntamente con ellas, tensiones familiares y personales.

Los compromisos contraídos con tarjetas de crédito en los Estados Unidos se han cuadruplicado desde el año 1986. La deuda de los consumidores estadounidenses ha llegado a un billón de dólares. Para tener una idea de la seriedad del asunto: si colocáramos billetes de 100 dólares, uno encima del otro, con un billón de dólares haríamos una columna de unos ¡100 kilómetros de alto!

¿Y cómo andamos los latinos? No mucho mejor que los gringos. El crédito fácil ha sido un veneno para muchas de nuestras familias. Por un lado, porque muchos de nosotros crecimos en un pasado donde tener crédito era sólo una cosa de ricos y, entonces, nunca aprendimos a manejarlo. Por el otro, las oficinas de mercadeo en estos días promueven la idea de «téngalo ahora y pague después»: una filosofía de consumo peligrosa.

El tener una tarjeta de crédito no es malo. En realidad, el tener una o dos cuentas de tarjetas de crédito que usamos y pagamos totalmente mes tras mes puede ser beneficioso para nuestra historia crediticia (cuidado, dije una o dos solamente). Sin embargo, algunos de nosotros no llegamos a entender cabalmente el concepto del crédito, que es un compromiso presente pagadero en el futuro.

Así que antes de «tarjetear» permítame presentarle algunas ideas económicas para no tener jamás problemas con el uso de su crédito.

Nunca compre con la tarjeta algo que no esté presupuestado

Cuando se encuentre frente a la posibilidad de una compra, considere si lo que va a comprar está dentro de su plan de control de gastos. Ya le enseñaremos a hacer un plan más adelante. Si no está dentro del plan económico de la familia, dé media vuelta y márchese. El único problema que este principio trae asociado es que muestra una realidad en nuestra vida como latinoamericanos: ¡primero debemos aprender a tener un plan de control de gastos!

Nunca desvista a un santo para vestir a otro. Si está comprando comida, ropa y otras necesidades básicas de su familia a crédito es que se ha gastado primero ese dinero en algún otro lado. Pregúntese por qué no tiene el dinero disponible.

Comprométase a pagar cada mes el 100% del saldo

Haga ese compromiso hoy mismo. Aunque ya tenga muchas deudas en su tarjeta, prométase que cuando llegue el fin del mes pagará todo lo que cargó en la tarjeta durante el mes y, además, los intereses correspondientes. De esa manera se asegurará de no caer más profundamente en un pozo.

Hoy en día, con el alto interés que están cobrando las tarjetas y lo pequeño que es muchas veces el pago mínimo, si uno hace solamente ese pago no saldrá fácilmente de su esclavitud económica. Aun más: en algunos casos específicos, si uno hace el pago mínimo que indica la tarjeta, en realidad no sólo no avanzará en la reducción de su deuda sino que ¡se continuará hundiendo!

Comprométase a no usar más su tarjeta de crédito

Si uno ha hecho el compromiso de pagar cada mes todo lo que compra con la tarjeta de crédito, y hay un mes en el que no puede cumplir con su promesa, debe aplicar este tercer principio que es, en realidad, una buena forma de practicar nuestras habilidades como chef... Esta es una receta de cocina que me pasaron hace algún tiempo atrás:

1. Caliente el horno a fuego mediano hasta llegar a los 170°C (350°F).
2. Prepare una bandeja para pizza y úntela con aceite o manteca.
3. Coloque sus tarjetas en la bandeja y póngala en el horno durante 15 minutos.
4. Llame a las compañías, y les dice que, cuando caduque la tarjeta, no quiere que le manden ningún reemplazo.

No se sienta mal. Eso no quiere decir que uno es un inútil porque las tarjetas no son para uno. Lo que ocurre es que hay ciertos tipos de personalidad que manejan mejor los conceptos y las ideas de tipo concretas. Esas personas —entre ellos algunos amigos míos muy cercanos— no deben manejar un concepto abstracto, como el concepto del crédito. «Tarjetear» no es para usted. Maneje dinero en efectivo.

Si usted cumple en su vida financiera estos tres simples principios económicos nunca tendrá problemas con este tipo de deudas, y ¡desde ahora podrá comenzar a conjugar el «verbo tarjetear» de una manera diferente!

Advertencias

- Antes de pedir una tarjeta de crédito lea con detenimiento la letra chica. Se sorprenderá al ver cuánto aprende solamente leyendo los panfletos y la letra pequeñita que viene en las promociones de las tarjetas de crédito.
- Tenga cuidado con los períodos de gracia, que es el tiempo que tiene para pagar la tarjeta sin que le cobren intereses.
- Tenga cuidado con las tasas de intereses. Aquí hay tanta variedad que producen grandes confusiones.
- Cuidado con las tasas de intereses que se van por las nubes cuando se atrasa aunque sea un solo pago.
- Cuidado con las tasas variables. Recuerde que aunque usted tenga una tasa fija, quizás el banco puede tener el derecho de cambiar el acuerdo en cualquier momento. Lea la letra pequeña.
- Cuidado con las tasas de interés usurarias.
- Cuidado con las cuotas anuales. Todavía me pregunto por qué la gente paga cuotas anuales por el «privilegio» de pagarle intereses a una empresa de tarjetas de crédito. ¡Ellos son los beneficiados! ¿Por qué pagarles por el privilegio de beneficiarlos?
- Para comparar tasas de intereses de diferentes tarjetas de crédito y otros préstamos, buscando en Internet encontré algunos lugares bastante interesantes. Encontré miles, pero estos son los que más me gustaron:

www.bankrate.com
www.compareinterestrates.com
www.interest.com
www.planetloan.com
http://biz.yahoo.com/b/r/m.html
www.tucasa.com
www.eluminas.com

- Edúquese. No hay nada más peligroso en una sociedad de consumo que un consumidor educado.

4

¿Cómo pagar las deudas?

El problema que yo veo con la mayoría de los asesores económicos es que, aunque lo hacen con muy buenas intenciones, tienen la tendencia a tratar los síntomas y no el problema de fondo. El aumentar entradas o bajar gastos, por ejemplo, es solamente una aspirina para tratar los síntomas del dolor de cabeza. Sin embargo, si uno no opera el cáncer que le produce el dolor de cabeza, puede que tenga una muerte sin dolor… pero morirá al fin.

Entonces, la intención de lo que compartiré con usted en las próximas páginas es ayudarle a cambiar principios y valores que le llevarán a posicionarse correctamente para hacer algunas cosas bien prácticas que le ayudarán tremendamente en el proceso de alcanzar la sanidad económica personal y familiar.

Hay que cambiar de adentro hacia afuera

Cuando hablamos de llegar a la meta de salir de las deudas y arribar a la prosperidad integral debemos comenzar parafraseando a Albert Einstein. El diría que «los problemas económicos que confrontamos hoy no los podremos resolver con el mismo nivel de pensamiento que nos llevó a tener esos problemas en primera instancia.» Dicho en otras palabras: la única manera de mejorar nuestra situación económica actual es el movernos hacia un nivel de ideas y valores más altos de aquel que nos llevó hasta el lugar en el que nos encontramos hoy.

Traducido al criollo, eso sería: «*Aunque la mona se vista de seda, ¡mona se queda!*»

Esa es la razón por la que la mayoría de los libros sobre «Cómo hacerse rico en 40 días» no cumple con su cometido. Es en vano tratar de manejar un automóvil sin motor o tratar de cabalgar un caballo muerto. Uno debe dejar de creer que cambios superficiales y cosméticos nos ayudarán a realizar verdaderos y permanentes avances en el área de la prosperidad.

Cuando nosotros estábamos hundidos en las deudas siempre buscábamos una manera instantánea de salir. No fue hasta que nos dimos cuenta de que los problemas económicos que teníamos eran el resultado de nuestro comportamiento que entramos en el camino de la sanidad financiera.

La primera pregunta que usted se debe hacer es: «¿Por qué estoy en esta situación?» Realmente. Con frialdad. Mírese y pregúntese honestamente la causa de fondo por la cual está metido en el problema. Descubrir la causa de fondo es primordial para comenzar el camino hacia la sanidad.

Las damas saben esto muy bien. Todos aquellos que hemos sufrido bajo el rigor de las dietas sabemos que matarnos de hambre para bajar dos o tres kilos en una semana no sirve de mucho. Lo más probable es que los kilos vuelvan a nuestra vida —y a nuestro cuerpo— un par de semanas después de terminar la dieta.

Para bajar de peso una vez y para siempre hace falta un cambio más profundo en nuestro estilo de vida. Necesitamos comenzar a ver la comida y a vernos nosotros mismos en forma diferente. Ello nos llevará a establecer una nueva relación entre nosotros y los alimentos que ingerimos. Al establecer esa nueva relación, también estableceremos nuevos patrones de selección de las comidas y de cocción, ¡patrones críticos para bajar de peso en Latinoamérica!

Una vez establecidos esos nuevos patrones, nuestro cuerpo reaccionará positivamente al cambio y bajaremos de peso para nunca más volver a ganarlo.

La razón primordial del éxito no fue el haber hecho una dieta. Esta vez logramos controlar nuestro peso por el resto de nuestra vida porque hemos producido un cambio en nuestro estilo de vida de adentro hacia afuera. Ese cambio fue el resultado, por sobre todas las cosas, de un cambio filosófico interior primero, y luego de comportamiento externo que nos llevó a lograr la meta que teníamos por delante.

Si Einstein hubiese sido latinoamericano y hubiese escrito este libro quizá nos lo explicaría diciendo: «Primero cambiamos a la mona por una bella joven de 18 años y luego, entonces, la vestimos de seda».

De nada sirve que yo le dé todos los secretos y los pasos para librarse de las deudas si usted no cambia su comportamiento. Ese es el problema con muchos asesores económicos: ayudan a la gente a resolver su situación de una manera superficial —pidiendo una segunda hipoteca sobre su casa o consolidando sus deudas—, sin resolver los problemas de fondo. Es por eso que dos o tres años después, la gente está en el mismo hoyo... ¡nada más que, ahora, con el doble de deudas!

La literatura del *ser* y del **hacer**

Después de leer a Stephen Covey en *Los 7 hábitos de la gente altamente efectiva*, me he convencido de que el pragmatismo del «cómo hacer...», dentro de nuestros países de habla hispana es resultado, primordialmente, de los últimos 50 años de literatura del éxito en los Estados Unidos[1]. De acuerdo con Covey, en los últimos 200 años de literatura estadounidense sobre el tema de cómo alcanzar el éxito en la vida, los primeros 150 —aquellos años formativos del país como una potencia económica mundial— apuntan primordialmente al carácter personal como la fuente de la cual surgirían los elementos necesarios para triunfar. Me gustaría llamar a esta literatura «la literatura del ser».

Esta literatura estaba profundamente influenciada por el trasfondo religioso que los colonizadores de esas tierras trajeron desde Inglaterra y otros países europeos. Sólo basta pasearse por los monumentos dejados en el corazón de la ciudad de Washington para notar las numerosas referencias a Dios y los textos escritos sobre los monumentos tomados directamente de las Sagradas Escrituras.

No era extraño que a finales del siglo pasado en escuelas como Harvard y Yale —dos universidades fundadas por comunidades de fe bautistas—, los maestros enseñaran administración y economía Biblia en mano, citando textos bíblicos con sus capítulos y versos incluidos en las notas.

La literatura del *ser*, según Covey, apunta primordialmente a moldear nuestro carácter. Toca temas como la integridad, la humildad, la fidelidad, la valentía, el honor, la paciencia, el trabajo industrioso, la modestia y la simplicidad. Es interesante que son, justamente, ese tipo de consejos los que escribe a su heredera en sus famosas «Máximas para mi hija» don José de San Martín, el famoso libertador argentino.

---

[1] Covey, Stephen. "The 7 Habits of Highly Effective People", Simon & Shuster, 1990. Pág. 18 y 19.

Sin embargo y por otro lado, desde los años 1940 en adelante se nota un incremento considerable de una literatura del éxito superficial; una literatura técnica, orientada hacia los procesos. El éxito, entonces, comienza a depender de la personalidad, de las actitudes, del comportamiento. El énfasis en esta literatura, según Covey, tiene dos áreas fundamentales. Por un lado, se enseña al lector cómo manejar las relaciones interpersonales y, por el otro, se le enseña a tener una A.M.P.(Actitud Mental Positiva). Esta es la literatura que yo llamaría «la literatura del *hacer*».

Típicos temas de este tipo de libros podrían ser (y aquí estoy citando títulos imaginarios): «Los cinco pasos para hacer amigos y venderles todo lo que usted quiera», «Los tres secretos para el éxito», «Cómo vestirnos para triunfar», «Lo que su mente puede creer, usted lo puede hacer», y cosas por el estilo.

Este tipo de literatura no es errónea. Simplemente es importante entender que la literatura del *hacer* llega al público estadounidense después de 150 años de énfasis en la literatura del *ser*. Una construye sobre la otra. El problema es que, al parecer, nuestras sociedades se han olvidado de la literatura que apunta hacia la formación de nuestro carácter, para enfatizar primordialmente en la que apunta hacia los procesos y técnicas pragmáticas. Eso es normal en Latinoamérica: absorbemos todo lo que viene del Norte sin filtros ni anestesias.

La literatura del *hacer* nos deja con una sensación de estar vacíos, nos enseña a crear una máscara exterior y a aparentar lo que no somos con el fin de obtener los resultados que queremos. Estos procesos no son permanentes, como tampoco lo son sus resultados.

Aquí, entonces, hay otro de los Principios de la Prosperidad: el *ser* en la vida es mucho más importante que el *hacer*.

El énfasis, entonces, debe estar más en nuestro *ser* que en nuestro *hacer*.

Es por eso que, en la medida en la que le doy los pasos prácticos para librarse de las deudas, no se olvide que son las actitudes, principios y valores los que lo sacarán de ellas y lo mantendrán alejado de los problemas asociados con el crédito en el futuro.

El enfoque principal de este libro está en el producir en usted un cambio de personalidad. Cambiarlo interiormente para que ello cambie su comportamiento. Darle un nuevo ser para que impacte su *hacer*. Prepárese para cambiar.

Un plan de control de gastos

Si usted quiere librarse de sus deudas, debe, una vez que ha comenzado a cambiar en su ser, tener una forma de controlar el dinero sin dejar que el dinero lo controle a usted. Muchos latinos en lugar de consumir para vivir, viven para consumir. Viven atrapados por la incertidumbre de si llegarán a fin de mes o no, sin tener la menor idea de cómo están gastando su dinero.

Hablamos de un plan para controlar gastos porque es importantísimo tener un plan que nos permita «parar a tiempo» una vez que se acabaron los recursos disponibles para hacer una determinada compra. Al mismo tiempo, un plan de control de gastos —un presupuesto— nos permitirá saber exactamente no sólo cuánto podemos gastar en una determinada compra, sino también qué tan grande, nuevo o costoso será el bien que habremos de comprar... ¡antes de salir a la calle a comparar precios!

El plan de manejo del dinero que voy a compartir con usted tiene que ser adaptado a su situación particular en el país en donde vive. Quizás eso signifique que el presupuesto deba ser calculado en dólares; quizá deba ser revisado cada dos o tres meses; quizá no tenga que tener un presupuesto en absoluto, sino que tenga que desarrollar un plan propio para manejar sabiamente sus entradas económicas.

Lo importante es que tenga un plan. Si vive en los Estados Unidos o Canadá esta guía para armar un presupuesto es exactamente lo que necesita para manejar sus finanzas con un plan apropiado. Los porcentajes sugeridos son para una familia de cuatro personas que ganan un salario promedio en los Estados Unidos, Puerto Rico o Canadá. Si no vive en uno de esos países, por favor, no les preste atención a los porcentajes. Los hemos colocado en beneficio de los millones de hispano-parlantes que sí viven allí.

En esta sección vamos a aprender a armar un presupuesto para su familia, para sí mismo, e incluso, podrá adaptar este material al plan del presupuesto de un negocio o una organización filantrópica como una iglesia, un club social o una organización de beneficencia.

¿Por qué tenemos que tener un plan?

Tener un plan para controlar sus gastos —un presu-puesto— es el primer paso vital y prerrequisito *sine qua non* para poder tomar decisiones económicas. De esta manera usted va a saber a ciencia cierta cuánto entra, cuánto sale, adónde se va el dinero y cuánto le queda al final de cada mes para pagar sus deudas. También le va a ayudar a saber, por ejemplo, cuánto puede pagar por una casa, qué tipo de automóvil puede comprar o cuánto puede pagar por un determinado artefacto electrodoméstico.

Sin un plan sería como lanzarse al vacío en medio de una noche de niebla: nunca sabemos qué tan profundo habremos de caer y tampoco cuándo abrir el paracaídas. Pero bien, empecemos. Permítame sugerirle el siguiente proceso

- Tome un día entero para discutir estos asuntos con su cónyuge. Haga una cita con su cónyuge para dentro de treinta días. Va a necesitar tomar todo un día libre —un sábado o un domingo— y también estar a solas... sin niños. Si usted vive solo, haga una cita para discutir estos asuntos económicos con alguien de confianza. Le recomiendo que haga esto, por lo menos, una vez al año.

- Tome nota de sus gastos por los últimos 12 meses. En varios países de Latinoamérica es común que la gente tenga libretas de cheques. La chequera es un buen lugar al cual acudir cuando se trata de calcular cuánto se está gastando cada mes y en qué, especialmente para descubrir esos gastos que no hacemos regularmente —como el pago de seguros o impuestos—. Si vive en un país con inflación quizá bastará mirar sus gastos en el último par de meses. Si no tiene una chequera, entonces simplemente trate de ver qué tipos de gastos tiene en forma regular y cuánto gasta normalmente en ellos. Otra opción para descubrir sus gastos regulares es hacer lo que le recomiendo a continuación.

- Guarde los recibos de todos sus gastos por 30 días. Hoy mismo tome una cajita de zapatos —o similar— y colóquela en la cocina de su casa. Cada vez que haga alguna compra, pídale un recibo al vendedor y después lleve el recibo a su casa y colóquelo dentro de la cajita. Esto por los próximos 30 días, hasta la fecha en que se va a tomar el tiempo con su pareja o amistad para revisar su vida económica.

Si en su país o en el área donde vive no se acostumbra a dar recibos, simplemente llévese unos papelitos y cuando haga una compra escriba qué fue y cuánto costó. Por ejemplo: «comida: 100 pesos» o «zapatos: 50 pesos», y colóquelo dentro de la cajita. En la reunión que tendrá con su cónyuge el mes que viene, saque los papeles de la caja, divídanlos por categorías (las que están en el presupuesto sugerido que le mostraré más adelante), y entonces tendrán una idea más clara de dónde están parados económicamente. Vamos a trabajar juntos en eso.

Le recomiendo que haga ese ejercicio durante dos o tres meses seguidos. Le tomará aproximadamente de 4 a 6 meses tomar control de un buen presupuesto familiar. Tenga paciencia. Esto es un proceso, igual que el bajar de peso. La idea no es matarnos de hambre por tres semanas para perder cuatro kilos. Aquí, como en las dietas, el asunto es cambiar nuestra forma de comportamiento respecto de la comida para poder perder los kilos extras que tenemos encima y nunca volverlos a recuperar. El secreto no está en ahorrarse algo de dinero este mes o el que viene. El secreto está en aprender a ser buenos administradores, que controlemos la forma en la que gastamos y tomamos decisiones económicas por el resto de nuestra vida.

La clave del éxito económico está en darnos cuenta de que la vida financiera es una carrera de 5.000 metros con obstáculos y no una de 100 metros llanos. Aquí, como dice el refrán, «el que ríe último, ríe mejor».

- Compare sus gastos con sus entradas. Lo importante en el manejo de las finanzas familiares no está en la cantidad que ganamos, sino en la cantidad que gastamos. El hombre es un animal de costumbre y puede acostumbrarse a vivir con 200, 500 o 1.000 dólares por mes. Hablo de dólares porque es una moneda internacional.

Hay gente que me ha dicho: «Nosotros gastamos 10.000 dólares por mes y no nos alcanza». He notado que existe una ley casi universal en el manejo de las finanzas: *nuestro nivel de gastos invariablemente se incrementa en una relación directamente proporcional a nuestro nivel de entradas.* Básicamente, cuanto más ganamos, más gastamos. Aunque nos hayamos prometido que íbamos a ahorrar el aumento de sueldo que nos proporcionó nuestro jefe hace tres meses atrás, ahora nos damos cuenta de que no nos alcanza para hacer todo lo que queremos hacer.

- Si vive en los Estados Unidos, Canadá o Puerto Rico compare su presupuesto con nuestro presupuesto sugerido. Nosotros le proporcionaremos al final de esta sección los porcentajes de un presupuesto sugerido por Conceptos Financieros para una familia tipo en esos países. De esa manera, usted sabrá qué porcentaje de su Dinero Disponible debería estar gastando en cada categoría. En cada país hay un presupuesto sugerido por el gobierno. Generalmente es el Departamento de Hacienda o de Economía el que presenta y define cuánto debería estar gastando una familia tipo en la canasta familiar básica. Le recomendamos que investigue estos porcentajes para su país o que se ponga en contacto con la oficina de Conceptos Financieros más cercana a su domicilio.

- Establezca un presupuesto familiar personalizado. Una vez que comparó sus gastos familiares con nuestro presupuesto sugerido, debe establecer un presupuesto familiar personalizado. Es muy importante que el presupuesto de su familia sea el de su familia y no el de otra. Lo importante no es que en cada categoría esté gastando exactamente el mismo porcentaje de su dinero disponible que el que le voy a sugerir. Lo importante es que tenga un presupuesto que esté ajustado a los gastos de su propia familia —o de su propia persona, como individuo—, y que sobre todo, cuando sume todos los porcentajes de su presupuesto personalizado equivalga al 100% de su dinero disponible y no al 110, 120 o 130%.

Lamentablemente, en los Estados Unidos, la familia tipo está gastando el 110% de sus entradas de dinero, es decir 1 dólar con 10 centavos por cada dólar que ganan. Como es de suponerse, esto está trayendo algunos problemas bastante serios a las familias del país.

No un plan cualquiera: Uno que dé resultado

Lo primero que tenemos que hacer cuando armamos un presupuesto familiar es dividirlo en dos áreas: ingresos y egresos. Vamos a empezar tomando nota de nuestros ingresos.

Tome una hoja de papel, escriba la palabra «Ingresos» y anote toda la información que se pide a continuación. O bien, puede llenar las casillas en la planilla de ingresos que le estoy proporcionando.

¿Cuánto dinero trae a casa el esposo? Vamos a escribir la cantidad sin tomar en cuenta aquella porción que corresponde a «César». Es decir, la de los impuestos. Si usted trabaja por cuenta propia, va a tener que deducir los impuestos que debe pagar con cada entrada de dinero. Por ejemplo, si vende cosas en la calle y lleva regularmente 3.000 pesos a su casa, sabiendo que a fin de año debe pagar el 30% de ese dinero al gobierno, coloque solamente 2.000 en el casillero, porque 1.000 le corresponderán al gobierno, no son suyos.

¿Cuánto trae la esposa? Si es que ella trabaja fuera del hogar o realiza labores por las que recibe pago.

¿Cuánto ganamos con nuestro propio negocio? Muchas familias latinoamericanas, a pesar de que tienen un trabajo regular de 40 o 45 horas por semana, también tienen un pequeño negocio familiar. Si tiene esa entrada extra, ¿a cuánto equivale cada mes? —recuerde restarle los impuestos—. Si estas entradas de dinero no son fijas, entonces tiene dos opciones: tome como base el mes de

menor entrada de dinero de los últimos 12 meses o haga un promedio de las entradas mensuales del último año.

¿Cuánto estamos recibiendo de alquiler? Muchas familias compran una casa donde vivir y alquilan parte de ella. Otros han comprado casas para alquilar como un negocio personal o familiar. ¿Cuánto está recibiendo en alquileres? (también, en muchos lugares del continente, debemos recordar que debemos pagar impuestos al gobierno por los alquileres recibidos).

¿Cuánto está recibiendo de intereses en el banco? Quizá tiene un depósito en el banco y está recibiendo una cantidad importante en forma mensual.

¿Hay alguna otra entrada de dinero en forma regular todos los meses? En los Estados Unidos las familias reciben un retorno de impuestos por parte del gobierno una vez al año. A veces algunos de nosotros tenemos que pagar más al gobierno y algunos recibimos dinero de vuelta del gobierno por los impuestos que hemos pagado.

Si usted recibe una cantidad importante de dinero por parte del gobierno o de alguna otra fuente —como bonos anuales, regalos de su empleador, aguinaldos, etc.— una vez al año le recomiendo que tome ese dinero y lo divida entre 12, de esta manera sabrá cuánto dinero debería asignar cada mes a los gastos familiares. Otra de las opciones es tomar ese dinero y hacer una inversión única en el año: arreglar la casa o pagar por anticipado parte de la hipoteca o algo similar.

Luego, sume todas estas cantidades.

Una vez que tenga la cantidad total de ingresos familiares, réstele las contribuciones, regalos, donaciones y diezmos que usted disponga para llevar a su iglesia o comunidad de fe y para hacer actos de caridad. De esta manera le estaremos dando a «César» lo que es de «César» y a Dios lo que es de Dios[21]. También cumpliremos con nuestra responsabilidad social de ayudar a los que están necesitados.

Cuando enseño en las iglesias del continente es común que las personas me pregunten: «Cuando considero mi salario, ¿debo dar mis diezmos a Dios del neto o del bruto?» A mí me gusta contestar: «¡Nunca des del neto, bruto!» Personalmente creo que nosotros debemos aprender a dar a Dios del mismo lugar del cual le damos a «César».

Una vez realizada esa resta, lo que le queda es lo que llamamos el Dinero Disponible (DD). Esta es la cantidad que tenemos para gastar cada mes. Mucha gente que vive en los Estados Unidos me dice: «Andrés, yo gano 20.000 o 30.000 al año». Eso puede que sea lo que dicen sus papeles en el trabajo, pero la realidad es que si gana 30.000 al año, lo que lleva a su casa y tiene disponible para gastar es 20, 22 o 24.000, no 30.000. Porque al gobierno le pertenece entre el 15 y el 30% de nuestro salario y, si hemos decidido dar a Dios otro 10%, en realidad, el DD es solamente de unos 18 a 20.000 dólares al año. El problema es que muchos de nosotros cuando empezamos a vivir en los EE.UU. gastamos ¡como si tuviéramos 30.000!

En el siguiente paso, vamos a colocar la hoja de ingresos aparte y vamos a empezar a trabajar para ver adónde se nos va el dinero. Dividiremos nuestros gastos en 12 o 13 categorías. Entre ellas estarán: el transporte, la casa, la comida, la cuenta de ahorro, las deudas, la recreación, la vestimenta, la salud, los seguros y, por supuesto, los famosos «gastos varios», que son como un barril sin fondo: ¡sólo Dios sabe qué pasa con ellos!

Entonces, para resumir:

- Debemos aprender a planear porque no somos millonarios. Los multimillonarios se pueden dar el gusto de gastar y de perder millones por aquí y por allá, pero usted y yo no podemos hacer eso.

- Todos tenemos un presupuesto armado en la cabeza, lo que estamos haciendo ahora es ponerlo en un pedazo de papel.
- Vamos a tomar un día entero con nuestro cónyuge para hacer un análisis presupuestario y establecer niveles de gastos familiares de aquí a 30 días.
- Vamos a guardar los recibos de todos nuestros gastos durante este próximo mes en una cajita de zapatos para poder tener una idea más concreta de cuánto gastamos, especialmente en el área de los gastos varios.
- Vamos a colocar, por ahora y en forma preliminar, en una hoja de papel cuánto son, realmente, los ingresos que tenemos disponibles para gastar cada mes en el hogar.

Escriba sus entradas de dinero en la siguiente planilla:

PLANILLA DE INGRESOS Y GASTOS MENSUALES

¿Cuánto trae a casa el esposo?	$_____	Anote la cantidad de dinero que realmente trae al hogar, después de que se dedujeron los impuestos gubernamentales.
¿Cuánto trae a casa la esposa?	$_____	Lo mismo que el punto anterior.
¿Cuánto gana con su negocio propio?	$_____	Cantidad mensual promedio o la menor cantidad de los últimos 12 meses. No se olvide de deducir los impuestos correspondientes antes de colocar la cantidad.
¿Cuánto recibe de alquiler?	$_____	
¿Cuánto recibe en intereses del banco?	$_____	Si la cantidad es apreciable y suficiente como para hacer un impacto en el presupuesto mensual.

¿Hay alguna otra entrada de dinero?	$_____	Puede dividir la cantidad entre 12 y sumarla a las entradas mensuales o puede usar este dinero para un proyecto especial.
SUME TODAS LAS CANTIDADES	$_____	Estas son las entradas de dinero después de haber pagado sus impuestos.
Réstele a la cantidad anterior sus donaciones	$_____	Recordemos que «mejor es dar que recibir...». Aprendamos a ser generosos.
Este es su DINERO DISPONIBLE (D.D.)	$_____	Esta es la cantidad de dinero con la que tiene que aprender a vivir.

Egresos (Gastos)

Como mencionamos, vamos a dividir los gastos que tenemos en 12 o 13 categorías:

1) Transporte (automóvil o transporte público).

Tenemos que ver cuánto estamos gastando en transporte, ya sea propio o público —autobús, tren, subterráneo—. En algunos países los gastos de transportación son bastante importantes. Inclusive en Latinoamérica, con el precio de la gasolina, que en algunos lugares es muy elevado, los gastos de transporte pueden llegar a ocupar una parte significativa dentro del presupuesto familiar.

Entonces escriba en la categoría *Transporte* cuánto está gastando de promedio en gasolina, reparaciones, mantenimiento, impuestos y seguros. Aunque algunos de estos gastos sean semianuales o anuales, establezca un promedio de gasto mensual.

Por ejemplo, aunque uno no repare el auto todos los meses, debe tener una idea de cuál es el promedio mensual de ese gasto para poder separar una cierta cantidad de dinero cada mes y asignarla a esa categoría. De esa manera, cuando lleguen esos gastos, no tendremos que andar «desvistiendo a un santo para vestir a otro».

Si no tiene auto, pregúntese: ¿cuánto estoy gastando en transporte público? O, quizás, esté viajando con alguna otra persona, en el automóvil de alguna amistad, y le dé una cierta cantidad de dinero cada mes para ayudarla con los gastos de mantenimiento del auto.

Para los que viven en Canadá, los Estados Unidos o Puerto Rico, en Conceptos Financieros Crown recomendamos que no se gaste más del 15% de su DD (Dinero Disponible: salario menos impuestos y donaciones) en los gastos de transporte público o personal.

Gastos de transporte/ Automóviles		Escriba aquí el promedio mensual de todos los gastos de transportación que tenga. No tiene que ser «perfecto», escriba una aproximación de los gastos. Sus cálculos mejorarán con el paso del tiempo. Incluya los gastos de tren y autobús. Si tiene más de un auto, sume los gastos y escríbalos todos juntos.	*Consejo amigo...*
Pagos mensuales del auto	$_____		¿Cuál es su Dinero Disponible?
Impuestos	$_____		D.D.=_____
Gasolina	$_____		
Seguro del auto	$_____		Multiplique por 0.15_____
Reparaciones (promedio)	$_____		(D.D.) x 0.15
Mantenimiento (promedio)	$_____		Escriba abajo el resultado... (Esta es la cantidad de dinero que debería estar gastando en transporte como máximo)
Transporte público	$_____		
Otros gastos	$_____		
Otros gastos	$_____		
Sume todas las cantidades. (Este es el total de gastos de transportación que tiene)			

2) Vivienda.

¿Cuánto está gastando en su vivienda? Si está alquilando, probablemente esté gastando menos en vivienda que si tiene casa propia. Sin embargo, eso no es siempre verdad. Especialmente cuando uno tiene beneficios impositivos del gobierno o se ha involucrado en algún plan gubernamental para proveerse de una casa a precio muy accesible.

A veces, sin embargo, el mantenimiento de una casa puede ser bastante costoso. Cuando las casas son de cemento y ladrillo se requiere un menor mantenimiento. En algunos países, como los Estados Unidos y Canadá, donde las casas se construyen utilizando mucha madera y yeso, los gastos pueden ser mayores.

En cualquiera de los casos, esta es una categoría muy importante. En general, la vivienda, junto con la comida y el transporte, son las áreas más peligrosas del presupuesto. La mayoría de las personas con problemas financieros a las que aconsejamos tienen dos problemas básicos: han comprado una casa demasiado grande o un auto muy costoso comparado con lo que ganan.

Stanley y Danko dicen que si usted no es un millonario pero quiere serlo algún día puede imitar su actitud respecto de la compra de sus casas: «Nunca compre una casa que requiera tomar una hipoteca que valga más del doble de su salario anual»[22]. Entonces, si entre usted y su esposa ganan 50.000 pesos al año, su hipoteca no tendría que ser mayor de 100.000 pesos. Así se comportan los millonarios en los Estados Unidos.

Cuando consideramos los gastos de la vivienda, lo primero que tenemos que escribir es cuánto estamos pagando de alquiler o de hipoteca.

Pregúntese: ¿hay impuestos o seguros? A veces el seguro, el impuesto y el pago de la casa se hacen juntos en un solo pago. Nosotros le recomendamos que no divida las cantidades, sino que escriba una sola cantidad en el casillero destinado a la hipoteca o al alquiler.

Pregúntese también: ¿cuánto está gastando cada mes en servicios como luz, gas, teléfono, agua, cable, etc.? Si está queriendo hacer un proyecto especial de construcción, ¿cuánto estaría pagando de promedio cada mes por los próximos 12 meses?

Algunas ciudades cobran mensualmente a todos los dueños el barrido de las calles, la limpieza y el servicio de disponer de la basura. Coloque todos los gastos que están asociados con el mantenimiento de su casa en esta categoría.

Nuevamente, para los latinos que viven en Canadá, los Estados Unidos y Puerto Rico, nosotros le recomendamos que no más del 38 o 40% de su D.D. vaya a parar a su casa. Si vive en una gran ciudad de los Estados Unidos, seguramente estará pensando: «¡sólo el 38% de mi dinero disponible! Con lo caro que es vivir en Nueva York, Chicago o Los Angeles...». Es verdad, es caro vivir en esas ciudades. Sin embargo, el problema no es que las casas son caras en las grandes ciudades, el problema es que usted no gana lo suficiente para vivir allí.

Quizás esté ganando lo suficiente como para vivir en una provincia, un estado, una ciudad o una casa más barata... pero no en la casa que usted quiere, en la ciudad que desea. Tiene 2 opciones: aumenta sus ingresos o reduce sus gastos. Si no lo hace, tarde o temprano pagará las consecuencias.

Si usted está gastando más del 38% de su DD. en los gastos de la casa, quizá necesita pensar en mudarse o irse a vivir a un lugar más barato.

También puede buscar alternativas creativas a sus gastos de vivienda. Por ejemplo, puede alquilar parte de su casa, puede comprar la casa en sociedad con otra familia y pagar la mitad cada uno, puede alquilarla mientras paga la hipoteca (permitiendo que se pague sola), puede construir su casa de a poco... Usted tiene alternativas. Lo importante es ser creativo y no encerrarse en una línea de pensamiento solamente. Entonces... complete este cuadro:

Gastos de vivienda		Escriba aquí todos los gastos de su vivienda. Si los impuestos y el seguro vienen incluidos en el pago de la hipoteca, escriba el pago mensual total que hace y deje en blanco los otros renglones.	*Consejo amigo...*
Alquiler	$_____		¿Cuál es su Dinero Disponible?
Hipoteca	$_____		
Impuestos	$_____		
Seguros	$_____		D.D.=_____
Luz	$_____		
Gas	$_____		Multiplique por 0.38_____
Teléfono	$_____		(D.D.) x 0.38
Agua	$_____		Escriba abajo el resultado... (Esta es la cantidad de dinero que debería estar gastando en vivienda como máximo)
Mantenimiento	$_____		
Cable	$_____		
Internet	$_____		
Proyectos	$_____		
Otros gastos	$_____		
Sume todas las cantidades. Este es el total de gastos de vivienda que tiene.			

3) Comida.

Piense: ¿cuánto está gastando en alimentos? Escriba cuánto, aproximadamente, está gastando en comida mensualmente. No más del 12 o 15% de su DD. debe ser asignado para comprar comida. A veces un poco más, a veces un poco menos. En general, a los latinos nos gusta comer, y nos gusta comer bien. Dicen algunas estadísticas que en los Estados

Unidos los latinos, cuando vamos al mercado, gastamos un 30% más que la gente anglosajona, ¡y por eso es que los dueños de los supermercados nos aman! Si observa los anuncios de televisión, va a notar que los mejores son los que tienen que ver con la comida y con las bebidas. Recordemos, entonces: en Canadá, los Estados Unidos y Puerto Rico no más del 15% de nuestras entradas de dinero deben ser asignadas a alimentos.

> **Aquí va un dato muy importante: si vive en los Estados Unidos y está gastando en la suma de los alimentos, el transporte y la casa más del 75% de sus entradas de dinero, usted está en serios problemas y necesita hacer algunos cambios urgentemente.**

Algo debe cambiar en su presupuesto, porque si está gastando más de ese porcentaje, no le está quedando la suficiente cantidad de dinero para las otras 8 o 9 categorías que todavía nos quedan por delante.

Lo importante en un presupuesto familiar no son los porcentajes que le estoy sugiriendo. Por ejemplo, estuve hace poco en Guatemala, y de acuerdo con un estudio realizado recientemente los guatemaltecos gastan alrededor del 37% de sus ingresos en alimentos y bebidas. Pero solamente el 21.6% en vivienda[23]. ¿Nota cómo en diferentes países la estructura de los gastos es diferente?

Lo importante es que usted le asigne a cada una de las categorías algún determinado porcentaje de su DD., y que cuando sume todas las categorías le den el 100% o menos, no el 110, ni el 120 o el 130.

Si está casado, entonces es imperante la participación de ambos cónyuges en el proceso de decisión sobre la asignación de esos porcentajes. Si el presupuesto familiar es solamente el producto de un solo miembro de la pareja, créame, está perdiendo el tiempo. Escriba a continuación sus gastos de comida.

| Comida | $_____ | Incluye todos sus gastos en alimentos. No incluya artículos de limpieza (esos van en los gastos varios). Si los incluye, debe disminuir el porcentaje de «gastos varios». No incluya comidas afuera de la casa. Esas son parte de «recreación y entretenimiento». | *Consejo amigo...*

¿Cuál es su Dinero Disponible?

D.D.=_____

Multiplique por 0.15_____
(D.D.) x 0.15

Escriba abajo el resultado... (Esta es la cantidad máxima de dinero que debería estar gastando en comida) |
| Repita aquí la cantidad que gasta en comida | | | |

4) Cuenta de ahorros.

Pregúntese: ¿cuánto está colocando en su cuenta de ahorros todos los meses? Escriba en el espacio que le proveemos a continuación cuánto está ahorrando con regularidad. ¿Tiene que poner un «0» bien grande? No se preocupe. La mayoría de nosotros lo hemos hecho la primera vez que hicimos nuestro análisis presupuestario. Sin embargo, en el futuro habrá que cambiarlo...

Si puede abrir una cuenta de ahorros en un banco, hágalo y comience a ahorrar ya mismo. Y si no, haga lo que hacía mi abuela: use el colchón de su cama o una latita donde empezar a colocar algo de dinero en forma regular. Si la moneda de su país fluctúa, empiece a ahorrar en una moneda extranjera más estable. Eso, por supuesto, si está permitido por las leyes de su nación.

Es interesante notar, por ejemplo, que cuando la gente está en serios problemas de deudas nunca me dicen: «Nosotros tomamos nuestra tarjeta de crédito, fuimos y gastamos todo lo que pudimos en lo que se nos dio la gana». Siempre me dicen: «Estamos con deudas en nuestras tarjetas de crédito —o con nuestros parientes, porque surgió algo inesperado».

Yo creo que lo inesperado no sería tan inesperado ¡si lo estuviéramos esperando!

Si ha estado ahorrando con regularidad, cuando llegue lo inesperado, uno puede ir y tomar esos ahorros evitando que el golpe económico sea tan fuerte.

Su meta es tener en una cuenta de ahorros o en dinero en efectivo unos dos o tres meses de salario acumulado. No tiene que ocurrir mañana ni el año que viene. Pero esa debe ser su meta en cuanto a ahorros se refiere. «Hombre prevenido vale por dos», dice un refrán popular. En cuanto a lo financiero, creo que hombre prevenido debe valer, por lo menos, 3.75 ¡más intereses!

| Ahorros | $_____ | Incluya solamente los ahorros que hace en dinero en efectivo. Las inversiones deben ir en otra parte de su presupuesto, al final. | *Consejo amigo...*

¿Cuál es su Dinero Disponible?

D.D.=_____

Multiplique por 0.05_____
   (D.D.) x 0.05

Escriba abajo el resultado... (Esta es la cantidad mínima de dinero que debería estar ahorrando, mes tras mes) |
| Repita aquí la cantidad que ahorra cada mes. | | | |

5) Deudas.

En esta categoría escriba la suma de todos los pagos mensuales de deudas y préstamos. Por ejemplo, si tiene una tarjeta de crédito con una deuda de 1.000 pesos y está pagando 100 todos los meses, escriba en esta categoría 100 pesos (el pago mensual y no la deuda total). Si le ha pedido dinero a su padre, o a algún otro pariente, y está pagando la deuda en forma regular, escriba en el casillero cuánto está pagando mensualmente —por lo menos, de promedio—. Si tiene una cuenta de fiado o si, por ejemplo, compró un televisor a pagar en cuotas, escriba allí la cantidad del pago mensual.

Ahora sume todos los pagos de sus deudas y escríbalo en el casillero correspondiente. En Canadá, los Estados Unidos y Puerto Rico, no más del 5% de su DD debería ir al pago de deudas. Escriba a continuación los pagos mensuales que está haciendo para saldar sus deudas:

Pago de deudas		Escriba el pago promedio o el pago mínimo que está realizando mensualmente para saldar todas sus deudas. Aquí no se debe incluir el pago de la casa ni el pago del auto.	*Consejo amigo...*
Tarjetas	$_____		¿Cuál es su Dinero Disponible?
Préstamos	$_____		D.D.=_____
Fiado	$_____		Multiplique por 0.05_____
	$_____		(D.D.) x 0.05
	$_____		Escriba abajo el resultado... (Esta es la cantidad máxima de dinero que debería estar pagando, mes tras mes, en sus pagos mensuales de deudas)
	$_____		
Sume todas las cantidades. Estos son sus pagos mensuales de deudas.			

6) Entretenimiento y recreación.

Cuando hablo de «gastos de recreación» me refiero a las salidas para entretenernos fuera de la casa. En estos años, la generación que nació en los años 60 y 70 está saliendo mucho más que la generación de los 30, 40 y 50. En aquellas épocas, hace 20 años atrás, la gente salía muy poco a comer a los restaurantes. Hoy en día sale mucho más, pasea mucho más, e incluso se va más veces de vacaciones.

Había una época en la que la gente no salía de vacaciones en forma regular, pero eso ahora ha cambiado. Esto hace que debamos guardar una cierta cantidad de dinero todos los meses para entretenernos y recrearnos. Si no lo hacemos, cuando llegue el fin de año no va a saber de dónde sacar dinero para salir a pasear con su familia. Escriba entonces en el casillero correspondiente la cantidad de dinero que gastó en sus últimas vacaciones dividido entre 12. A eso súmele lo que gasta todos los meses en salir a pasear o comer solo o con la familia. No más del 4% de su DD. debería ir para recreación en Canadá, los Estados Unidos o Puerto Rico.

Gastos de entreten-imiento y recreación		Escriba el costo total de las últimas vacaciones dividido por 12, para que le dé el promedio de dinero mensual que debe separar para ese gasto.Escriba cuánto gasta mensualmente en salir a pasear, en comer en restaurantes y en otros entre-tenimientos.	*Consejo amigo…*
Vacaciones	$_____		¿Cuál es su Dinero Disponible?
Restaurantes	$_____		D.D.=_____
Salidas de paseo	$_____		Multiplique por 0.04_____
Otros entretenimientos	$_____		(D.D.) x 0.04
			Escriba abajo el resultado… (Esta es la cantidad de dinero que debería estar separando, mes tras mes, para el entretenimiento y la recreación)

Gastos de entreten- imiento y recreación			Multiplique por 0.04_____ (D.D.) x 0.04
Otros entretenimientos	$_____		Escriba abajo el resultado...
Otros entretenimientos	$_____		
Sume todas las cantidades. Estos son sus gastos mensuales de recreación.			

7) Vestimenta.

Piense ahora: ¿cuánto está gastando de promedio mensual en la compra de ropa? Quizá no compramos vestimenta todos los meses, pero posiblemente podamos escribir el promedio de gastos en ropa tomando en consideración los gastos que hemos tenido en el último año.

Le recomiendo que tenga una cajita o un sobre donde guardar dinero todos los meses para la ropa. Así, cuando llegue el momento de comprar zapatos para los niños, ropa para usted o cualquier cosa que tenga que ver con la vestimenta, no sacará de la comida para hacerlo, sino que tendrá un ahorro con el que podrá comprar lo que necesita.

Si su esposa le dice: «Querido, ¡cómo me gustaría que me compraras ese vestido rojo!», puede ir al sobre correspondiente a la ropa y ver si hay o no dinero. Si hay dinero, cómprelo. Si no, hay que esperar hasta que se pueda ahorrar lo suficiente. De esta manera se evitan las peleas en el hogar, porque nos hemos puesto de acuerdo en separar cada mes algo de dinero para el vestuario personal y familiar. En Canadá, los Estados Unidos y Puerto Rico no más del 4% del D.D. debería ser gastado cada mes en el área de la vestimenta. Escriba en el siguiente cuadro la cantidad promedio que gasta en ropa mes tras mes:

Gastos de vestimenta	$_____	Escriba la cantidad que gasta mensualmente, en promedio, en vestirse usted y vestir a su familia (si la tiene).	*Consejo amigo...* ¿Cuál es su Dinero Disponible? D.D.=_____ Multiplique por 0.04_____ (D.D.) x 0.04 Escriba abajo el resultado... (Esta es la cantidad de dinero que debería estar gastando, en promedio, en vestimenta)
Repita aquí la cantidad que gasta al mes en vestimenta.			

8) Salud.

Trate de calcular: ¿cuánto está gastando todos los meses, en promedio, en médico, dentista o medicinas? ¿Está comprando algún medicamento en forma regular? En casa, por razones médicas, usamos lentes de contacto descartables. Cada cuatro meses debemos comprar lentes nuevos. Lo que hacemos es tomar el gasto que tenemos cada 4 meses, dividirlo entre 4 y colocar ese dinero aparte en nuestra cuenta de ahorros cada mes. Cuando llega el momento de comprar lentes, tenemos el dinero ahorrado.

Puede que también tenga ese tipo de gastos. Cada cierto tiempo quizá tiene que comprar alguna medicina o asistir al doctor con regularidad. Si el gasto es cada 3 meses, divídalo entre 3 y escríbalo en el casillero; si es cada 4, divídalo entre 4...

También puede ser que tenga un seguro de salud que esté pagando en forma mensual. En los Estados Unidos los seguros de salud son bastante caros. Es importante que anote la cantidad de dinero que paga por el seguro de salud dentro de esta categoría. No recomendamos que en Canadá, los Estados Unidos y Puerto Rico más del 5% de su D.D. vaya a los gastos relacionados con la salud.

De todos modos, una familia con niños puede que esté gastando más y una sin niños puede que esté gastando menos. En muchos países, como en México, los servicios de salud los provee el Estado y son gratuitos para la población. En algunos países existe un pequeño pago que debe hacer el individuo, mientras que en otros, todo lo que tiene que ver con la salud es extremadamente caro.

Sea cual fuere su situación particular, siempre le recomendamos tener un pequeño fondo de dinero para problemas de salud inesperados. El dinero que no usa cada mes para gastos de salud lo puede transferir a su cuenta de ahorros. Escriba a continuación la cantidad de dinero que usted calcula que invierte mensualmente en gastos relacionados con la salud:

Gastos de salud		Escriba la cantidad que gasta mensualmente, en promedio, en la salud personal o familiar.	*Consejo amigo...*
Pagos a los médicos	$_____		¿Cuál es su Dinero Disponible?
Gastos de dentista	$_____		
Compra de medicina	$_____		D.D.=_____
Cuota del seguro de salud	$_____		Multiplique por 0.05 _____
Compra lentes de contacto	$_____		(D.D.) x 0.05
Otros gastos de salud	$_____		Escriba abajo el resultado... (Esta es la cantidad de dinero que debería estar gastando, en promedio en salud)
Sume todas las cantidades. Estos son sus gastos mensuales de salud.			

9) Seguros.

¿Tiene un seguro de vida? Escriba en el espacio que le proveemos a continuación su pago mensual de seguro de vida y otros seguros que no hemos cubierto todavía.

Si no tiene un seguro de vida, considere comprar uno. Por lo menos debería estar seguro de que cuando pase a la presencia de Dios, haya en algún lugar suficiente cantidad de dinero como para dejar todas sus cuentas cerradas. Recibí una carta hace algunos días atrás de una señora que vive en el Caribe y que me dice: «Mi esposo ha pasado a la presencia de Dios hace un par de semanas y me dejó más de 65.000 dólares en deudas. ¿Qué hago?» Es terrible. Los varones no deberíamos ser tan irresponsables con nuestras viudas y nuestros niños. Todos deberíamos tener un seguro de vida, por lo menos como para cerrar cuentas, para el entierro y para el futuro de nuestros hijos.

Yo sé que en nuestros países latinoamericanos a veces es difícil contratar un seguro de vida en el que uno pueda confiar. A veces, tampoco lo necesitamos. Sólo le estoy pidiendo que lo considere: que mire su situación económica y que, con toda honestidad, considere si necesita o no un seguro de vida para proveer a su familia en caso de que usted falte.

Me enteré en el sur de los Estados Unidos del caso de un hombre que había fallecido y que estuvo 5 días en el comedor de su casa porque nadie lo quería enterrar. La compañía que estaba a cargo del entierro quería, por lo menos, el 50% del dinero por adelantado, y la viuda no tenía un dólar. Enterrar al hombre costaba casi 5.000 dólares y había que pagar, por lo menos, 2.500 antes de tocar al muerto. Así que allí se quedó este señor: en el comedor de su casa hasta que varias iglesias de la zona, con mucho cariño y esfuerzo, juntaron el dinero necesario para resolver la situación. Les tomó 5 días juntar el dinero y pagarle a la empresa para que enterrara al hombre.

Uno diría: «Pobre hombre, qué terrible la compañía funeraria…». ¡No señor! Yo diría «pobre mujer». Ese hombre fue un total irresponsable. Viviendo en los Estados Unidos él sabía muy bien los costos del entierro de una persona. También sabía que a través de su trabajo, por unos pocos dólares cada mes podría haber comprado un seguro de vida.

La culpa de que medio pueblo tuviera que andar buscando el dinero para ponerlo bajo tierra fue de él. Fue culpa de él, también, el haber dejado a su mujer en la pobreza. En los Estados Unidos el costo de un seguro de vida es extremadamente barato comparado con el sueldo que se recibe. Con dos o tres horas de trabajo al mes podría haber pagado un seguro de vida que pudiera costear todos los gastos de su entierro y haberle dejado un par de miles de dólares a la viuda para que se ajuste a su nueva situación.

Creo que lo que pasa es que no nos gusta hablar de la muerte. Creemos que si hacemos arreglos para cuando nos vayamos a morir nos va a traer mala suerte. ¡Todo lo contrario, señores! La pregunta respecto de la muerte comienza con «¿cuándo…?» Tengo malas noticias: usted se va a morir algún día.

Entonces, ¿cómo quiere que lo recuerden en su funeral? ¿Como un esposo y padre sabio, previsor y amante de los suyos o como el irresponsable que dejó a su familia «entre la pampa y la vía»?

Nosotros los varones —y las mujeres también— debemos tener la cantidad suficiente de seguro como para dejar las cosas en orden. No es tan caro como pensamos y demuestra una actitud de madurez y responsabilidad de nuestra parte.

Aquí hay algunas preguntas que me gustaría hacerle:

¿Tiene un seguro de vida?   Sí _____ No _____

Si lo tiene, ¿saben sus beneficiarios que lo tiene?

Sí _____ No _____

¿Cuál es el valor total de su póliza de seguro de vida?

_____

¿Es suficiente para cubrir sus gastos de entierro, pagar todas las deudas y proveer para las metas educacionales de sus hijos?   Sí _____ No _____

Si no tiene un seguro de vida, averigüe el nombre de un par de compañías respetables, escriba sus números telefónicos y haga una cita con ellos y anote la fecha de dicha cita:

Nombre de la empresa de seguros	Teléfono	Fecha de la cita

Nota para mis amigos y hermanos de las iglesias: el seguro de vida no representa una «falta de confianza en la provisión de Dios» —me lo han preguntado en varias oportunidades—. Al contrario. Recuerde que el seguro de vida no es como la lotería. No es dinero que ganamos al azar. La muerte es 100% segura para cada uno de nosotros.

El seguro de vida es un fondo común entre varias personas para ayudarse a proveer para sus necesidades en caso de alguna emergencia[24]. Representa la inversión de su capital durante la época de las vacas gordas para proveer durante la época de las vacas flacas. Es el imitar a la hormiga, que guarda durante el verano para tener durante el invierno. Es estar seguros de que el día que tenemos que encontrarnos cara a cara con nuestro Creador en el Cielo, todos los negocios quedan cerrados apropiadamente aquí, en la Tierra.[25]

Costos de seguros		Escriba la cantidad que paga mensualmente en seguros. No debe incluir el seguro de salud, el de la casa ni el del auto, porque ya están incluidos en otras categorías.	*Consejo amigo...* ¿Cuál es su Dinero Disponible? D.D.=_____ Multiplique por 0.05_____ (D.D.) x 0.05 Escriba abajo el resultado... (Esta es la cantidad de dinero que debería estar pagando, como máximo, en seguros)
Seguro de vida	$_____		
Otros seguros	$_____		
Otros seguros	$_____		
Sume todas las cantidades. Estos son sus pagos mensuales en seguros.			

10) Gastos varios.

Ahora viene la parte difícil: tratar de averiguar cuánto dinero estamos «quemando» sin un propósito determinado. No está mal «quemar» dinero. Todo el mundo tiene gastos misceláneos. Lo que está mal es gastarlo descontroladamente.

Los gastos varios son como un barril sin fondo. Allí se va todo el dinero que le pongamos. Si usted vive en Canadá, los Estados Unidos o Puerto Rico, yo le recomiendo que no más del 4 o 5% del D.D. vayan en esta área de gastos. Para otros países, póngase en contacto con la oficina de Conceptos Financieros Crown más cercana a su domicilio.

¿Qué son gastos varios? Son suscripciones a diarios, a revistas, cosméticos, gastos de peluquería, lavandería, tintorería, comidas en el trabajo, barbería, cuotas de clubes, pasatiempos, gastos de cumpleaños —*¿se ha dado cuenta de que todos los meses hay alguien que cumple años en la familia?*—, aniversarios, regalos de Navidad, etc.

Algunos de nosotros estamos ayudando a nuestros padres o a miembros de nuestra familia en forma regular. Esa ayuda la podríamos colocar en el área de gastos varios. Algunos vivimos en los Estados Unidos y mandamos dinero al exterior. Si quiere, puede colocar esa cantidad en esta categoría.

Colocamos en gastos varios el dinero en efectivo que gastamos en dulces o en darnos un gusto de vez en cuando. Incluye, básicamente, cualquier gasto que no hemos considerado anteriormente.

El control de nuestros gastos varios es crítico para poder llegar a fin de mes. Una vez que los gastos fijos como la vivienda, los seguros, el transporte, los ahorros y los pagos de deudas están dentro de los límites del presupuesto, no hay mucho de qué preocuparse. Si están dentro de esos límites, allí se van a quedar —porque son fijos—.

No ocurre lo mismo con los gastos misceláneos. Esos gastos son extremadamente variables y nos resulta muy difícil controlarlos. Por eso debemos observar —con la cajita de zapatos, por ejemplo— cómo se nos va el dinero en estos gastos y colocarles un tope, un límite. A partir de hoy, usted se va a asignar a sí mismo una cierta cantidad de dinero para gastar en gastos varios y, cuando se le acabe ese dinero, debe hacer un compromiso muy serio de parar de gastar.

Esa será la única forma de controlar su presupuesto y los gastos que tiene. Si no lo hace, nunca llegará a fin de mes.

A continuación lo proveo de una planilla para calcular los gastos varios. Lo invito a que escriba, lo más acertadamente posible, los gastos que cree que tiene en esta área de su presupuesto. No se preocupe si la cantidad no es muy exacta. De aquí a un mes, con la ayuda de la recolección de todos los recibos por los próximos 30 días, usted tendrá una imagen mucho más clara de lo que está ocurriendo en este «rincón oscuro» de su presupuesto.

Gastos varios		Escriba aquí todos los gastos. Incluya aquí los regalos de cumpleaños de la familia, aniversarios y la cantidad que gastó en regalos de Navidad, dividida entre 12.	*Consejo amigo...*
Diarios	$_____		¿Cuál es su Dinero Disponible?
Revistas	$_____		
Suscripciones	$_____		
Cosméticos	$_____		D.D.=_____
Peluquería	$_____		Multiplique por 0.04 _____
Lavandería	$_____		
Tintorería	$_____		(D.D.) x 0.04
Almuerzos	$_____		
Cuotas clubes	$_____		Escriba abajo el resultado... (Esta es la cantidad de dinero que debería estar gastando en gastos varios como máximo)
Pasatiempos	$_____		
Cumpleaños	$_____		
Aniversarios	$_____		
Navidad	$_____		
Ayuda padres	$_____		
Ayuda familia	$_____		
Envíos exterior	$_____		
Otros	$_____		
	$_____		
Sume todas las cantidades.Este es el total de gastos varios que tiene cada mes.			

Hasta aquí, nuestro presupuesto llega al 100% del Dinero Disponible:

Transporte	15%
Vivienda	38%
Alimentos	15%
Ahorros	5%
Deudas	5%
Recreación	4%

Vestimenta	4%
Salud	5%
Seguros	5%
Gastos varios	4%
Total de gastos	100%

Sin embargo, en Conceptos Financieros hemos encontrado que en diferentes países existen diferentes necesidades, especialmente en el área educacional. Por eso hemos agregado un par de categorías más y dejamos abierta la oportunidad para que se sumen nuevas categorías en caso de ser necesario.

Entonces, al agregar estas categorías extras se debe recordar que, en caso de usarse alguna de ellas, las que ya hemos mencionado deberían ser reducidas para que los gastos lleguen al 100% de nuestro Dinero Disponible.

Por ejemplo: si está enviando a su hijo a una escuela privada que se lleva el 5% de su D.D., entonces deberá disminuir los porcentajes de otras categorías, como gastos médicos, deudas o transporte, para poder lograr mantener sus gastos dentro del 100% de su Dinero Disponible.

Aquí están, entonces, las categorías extras:

11) Cuidado de los niños.

Muchas veces el esposo y la esposa trabajan y pagan a alguien para que les cuide a los niños. Puede anotar dentro de esta categoría la cantidad de dinero que gasta mensualmente en el cuidado de sus hijos.

12) Educación.

Otro gasto es el área de la educación privada —incluyendo clases de música, instrumentos musicales, gimnasia, etc.—. Escriba en esta categoría todos los gastos de educación de sus hijos tanto dentro como fuera del ámbito escolar.

Otros gastos. Si tiene algún otro gasto que no hemos cubierto en este presupuesto familiar, este será el lugar para incluirlos.

Escriba esos gastos en la siguiente planilla:

Categorías extras		Incluya aquí todos los otros gastos que no hemos cubierto con nuestro presupuesto original.	*Consejo amigo...*
Cuidado de niños	$_____		Recuerde disminuir el porcentaje de gastos de otras categorías del presupuesto principal para que, al agregar este nuevo gasto, la suma le dé todavía el 100% de su Dinero Disponible.
Educación privada	$_____		
Piano	$_____		
Música	$_____		
Gimnasia	$_____		
Idiomas	$_____		
Otros gastos	$_____		
Otros gastos	$_____		
Otros gastos	$_____		
Otros gastos	$_____		
Sume la cantidad que está gastando en otras categorías no contempladas en el presupuesto original.			

Ahora sume todas las categorías, todos los totales de todas las categorías. Eso le va a dar los gastos totales de la familia. Lo que tenemos que hacer ahora es tomar el D.D. —Dinero Disponible—, restarle el área de los gastos, y eso nos va a dar el balance del presupuesto, nos va a decir cuánto nos está quedando en el bolsillo al final de cada mes... ¡o cuánto no nos está quedando!

CANTIDAD DE GASTOS:
Transporte: _____
Vivienda: _____
Comida: _____
Ahorros: _____
Deudas: _____

¿Cómo salgo de mis deudas?

Entretenimiento: _____
Vestimenta: _____
Gastos de salud: _____
Seguros: _____
Gastos varios: _____
Categorías extras: _____
TOTAL DE GASTOS: _____

Ahora simplemente debemos hacer una resta:
Dinero Disponible:_____ (menos) Total gastos:_____
Este es el dinero que queda: $_____ ¿positivo o negativo?

¿Le da un número positivo o negativo? Si es un número negativo va a tener que hacer algún tipo de arreglo porque obviamente está gastando más de lo que gana.

Si le da positivo, ¡felicitaciones! Lo único que tiene que hacer ahora es ajustar su presupuesto poniéndose de acuerdo con su cónyuge —si lo tiene— para pactar cuánto se va a gastar mensualmente en cada una de las categorías.

Este es el momento de decidir cuánto dinero le queda libre para poder hacer pagos extras —o no— a sus acreedores. O, quizá, qué tan poco dinero le queda asignado a la categoría de «deudas» y, entonces, poder decidir cuánto le va a pagar a cada acreedor.

Escriba, entonces, a continuación, el nuevo pacto que usted hace consigo mismo o con su pareja para ajustar apropiadamente sus gastos individuales o familiares. Nuevo pacto para nuestros gastos:

Transporte: _____
Vivienda: _____
Comida: _____
Ahorros: _____
Deudas: _____
Entretenimiento: _____
Vestimenta: _____

Gastos de salud: _____
Seguros: _____
Gastos varios: _____
Categorías extras: _____
Total de gastos: _____

Este pacto debería ser revisado de aquí a un mes, durante la cita que usted hizo con su cónyuge, y se debería volver a revisar, por lo menos, una vez al año.

1. ¿Cómo llevar un control inteligente de su plan?

Hemos visto juntos el porqué de tener un plan de control de gastos y también aprendimos a desarrollar ese plan. Ahora viene uno de los pasos más importantes: controlar el presupuesto que acabamos de terminar. De nada sirve ponernos de acuerdo en cuánto vamos a gastar en cada categoría si, cuando llega la hora de la verdad, no podemos controlar nuestros gastos.

Hay varias maneras de controlar un presupuesto. A saber: a través de un sistema de planillas en el que cada categoría tiene su planilla. Cada vez que hacemos un gasto, escribimos en la planilla correspondiente el gasto realizado y llevamos la cuenta cada día de cómo estamos gastando nuestro dinero en cada categoría.

Ese es un sistema muy apropiado para gente detallista y que ama los números. En general, incluso individuos con ese tipo de personalidad están emigrando rápidamente hacia la segunda manera de controlar el presupuesto: por computadora.

Existe en el mercado un número importante de programas de computación tanto en inglés como en español para el manejo de las finanzas a nivel individual, familiar y de negocios.

Nosotros usamos uno en nuestro hogar desde comienzos de los años 90. Nos ha dado un excelente resultado, y si tiene acceso a una computadora, le recomiendo que invierta unos pesos en comprarse un programa de manejo financiero que le permitirá tener información detallada sobre su patrón de gastos.

El tercer sistema, que también usamos en casa desde comienzos de los 90 y que usted puede usar en su casa sin necesidad de planillas ni computadoras, es el sistema de manejo de presupuesto por sobres. Funciona realmente muy bien.

Nosotros usamos la computadora para manejar la información detallada a través del tiempo, pero usamos los sobres para controlar la forma en la que gastamos nuestro dinero semana tras semana.

Si me lo permite, me gustaría compartirle la forma en la que el sistema de sobres nos ha ayudado en nuestra familia y está ayudando a miles de familias en todo el continente.

Funciona de la siguiente forma: lo primero que debe hacer es ponerse de acuerdo en cuánto va a gastar cada mes en cada categoría.

Ahora debe decidir cuáles de esas categorías las va a manejar con dinero en efectivo. Si usted maneja toda la economía del hogar con dinero en efectivo, entonces decida qué categorías necesitará utilizar diariamente. Por ejemplo: la comida, el entretenimiento, los gastos varios, el transporte —dinero para la gasolina—, etc. En casa, como tenemos niños pequeños, también separamos todas las semanas dinero para la vestimenta —a pesar de que no usamos ese dinero todas las semanas—.

El tercer paso es dividir esos gastos mensuales en cuatro y declarar cuatro «días de pago familiar». Cuidado: no le estoy recomendando que divida el mes en cuatro semanas, sino en cuatro «días de pago...». La razón es que de vez en cuando, un mes va a tener cinco semanas y eso le producirá inconsistencia en sus gastos.

Olvídese, entonces, de las semanas del mes y de las fechas cuando cobra su salario. Cuando usted cobra, simplemente asegúrese de que el dinero va a su cuenta de banco o a un lugar central de donde sacará el dinero para gastarlo más adelante —¿el colchón de su cama, quizá?—.

Trabajo ⟶ Salario en el banco o en el colchón

Ahora establezca el 1, el 8, el 16 y el 24 como aquellos días en los que usted o su pareja irán al banco —o a su colchón familiar— y retirarán suficiente dinero en efectivo para los gastos de los próximos 7 u 8 días.

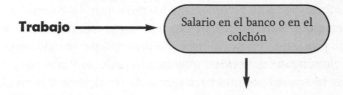

Trabajo ⟶ Salario en el banco o en el colchón

Días de pago familiar:	1	8	16	24
Categorías				
Comida				
Vestimenta				
Recreación				
Gastos varios				
Total retirado:				

No se preocupe de los otros gastos —alquiler, gas, luz, pagos del auto—. Si armó correctamente su presupuesto familiar o personal de acuerdo con los parámetros que le hemos sugerido, esa parte del presupuesto «se cuida sola». La razón es porque esos gastos son casi fijos y la mayor cantidad de dinero que desperdiciamos se nos va a través de nuestros gastos variables y del dinero en efectivo que tenemos en el bolsillo.

Debe decidir entonces: ¿cuánto vamos a gastar de comida? Si decidimos que vamos a gastar 400 pesos de comida por mes, eso quiere decir que vamos a tomar 100 pesos cada «día de pago familiar» para comer por los próximos 7 u 8 días. Ese debe ser un compromiso firme de nuestra parte.

Si vamos a separar unos 80 pesos por mes para la vestimenta de la familia, entonces cada día de pago retiraremos 20 pesos.

Si vamos a gastar 100 pesos en entretenernos, entonces retiraremos 25 pesos cada día de pago familiar. Observe el cuadro que le muestro en esta pagina como ejemplo y hága uno para Usted.

¿Se da cuenta de que aquí no importa si usted cobra semanal, quincenal o mensualmente? Lo único que importa es que retire del banco —o del colchón— la cantidad que ha presupuestado para vivir durante los próximos 7 u 8 días. Por lo único que se debe preocupar es por no sacar más dinero del que se ha prometido gastar. El resto del presupuesto se cuida solo.

Supóngase, entonces, que también decide que necesita unos 160 pesos por mes para gastos de transporte y unos 200 para gastos varios. Así quedará su cuadro de retiro de dinero:

DÍAS DE PAGO FAMILIAR:	1	8	16	24
Comida	100	100	100	100
Vestimenta	20	20	20	20
Transporte	40	40	40	40
Recreación	25	25	25	25
Gastos varios	50	50	50	50
TOTAL RETIRADO:	235	235	235	235

Eso quiere decir que cada «día de pago familiar» usted tomará 235 pesos del banco para sus gastos en efectivo hasta el próximo «día de pago…».

Ahora tiene una forma de control. Ahora sabe que, cada 7 u 8 días, usted va a gastar 235 pesos en efectivo para sus gastos variables y, maravillosamente, ha convertido sus gastos variables en ¡gastos fijos!

Ahora usted tiene el control. Es el que controla el dinero y no el dinero el que lo controla a usted.

Lo invito a que ponga todo esto en práctica. Trate de definir sus gastos en dinero en efectivo para cada «día de pago...» y escríbalo en la planilla que le proveo a continuación:

Establezca un sistema de control

Finalmente, ahora, lo que debe hacer es tomar algunos sobrecitos para distribuir entre ellos el dinero que gastará entre «día de pago» y «día de pago». Nosotros, en casa, usamos un Organizador Efectivo®, un sistema de sobres que creamos en Conceptos Financieros y que se cierra como si fuera una billetera. Si quiere uno, pase por una librería cercana a su domicilio o póngase en contacto con una de nuestras oficinas en su país. En Estados Unidos llámenos al tel. 1-800-339-9188.

Una vez que tenga los sobres a mano, a uno le coloca la palabra «donativos»; a otro, «vivienda»; a otro, «alimentación o comida»; a otro, «automóvil»; y así va teniendo un sobrecito para cada categoría. Yo recomiendo tener sobres para el esposo y para la esposa. Pueden usar, también, una cajita de cartón para mantener los sobres que no necesitan diariamente.

Entonces, cada «día de pago familiar» la esposa y el esposo se dividen el dinero.

—¿Cuánto vamos a gastar de comida?

—Bueno, si dijimos que vamos a gastar 100 pesos cada semana, tomemos el sobrecito de la comida y coloquemos allí 100 pesos.

Cuando la señora va al mercado, toma su sobre de la comida y paga con el dinero que hay en él. El problema viene cuando se nos acaba el dinero de ese sobre ¡antes del siguiente «día de pago...»! Por favor, ¡no deje de comer!

Hay que hacer algún arreglo allí: uno se va a ir dando cuenta de que debe aprender a manejar el dinero durante esos 7 u 8 días para que esos 100 pesos alcancen hasta el siguiente «día de pago familiar».

Lo mismo ocurre, por ejemplo, en el área del entretenimiento. Supóngase que llega el fin de semana. Al salir de la iglesia o del club, su amiga Carolina le dice: «¡Vamos a comer una pizza!» Entonces, ¿qué hace? Sencillo: toma el sobrecito del entretenimiento y mira: «¿Tengo o no tengo dinero para ir a comer una pizza?»

Si no tiene dinero, entonces le dice a su amiga: «¿Sabes?, va a tener que ser la semana que viene, porque me he gastado todo el dinero del entretenimiento para esta semana...». Quizás, entonces, Carolina le diga: «No te preocupes, yo pago». Entonces muy amablemente responde...«¡ningún problema!»

¡Esa es la diferencia entre los que tenemos un sistema de control de gastos y los que no!

Lo mismo debe ocurrir con los gastos misceláneos. Una vez que se acabaron los gastos varios de la semana, no va a poder ir a cortarse el cabello o a hacerse las uñas hasta la semana que viene. ¿Por qué? Porque ya se le acabaron los gastos misceláneos y se ha comprometido a esperar hasta el próximo «día de pago familiar».

Quizá va a tener que suspender una suscripción de algún diario o revista porque ha gastado demasiado este mes en esa categoría. Quizás alguna otra cosa tenga que sufrir las consecuencias de una mala administración durante las semanas anteriores. El asunto, ahora, es estar totalmente comprometido a cumplir con la palabra empeñada.

Muy bien. Ahora tiene un presupuesto personal o familiar y también tiene una forma concreta y práctica de controlarlo.

No se desanime. Usted puede tomar el control de sus finanzas. No se deje desanimar por aquellos que le dicen que no lo va a poder hacer.

«¿Cuánto tiempo más vas a estar entrenando en ese gimnasio y viviendo en el mundo de los sueños?», le decían sus familiares a Arnold Schwarzenegger, tratándolo de convencer para que encontrara un trabajo «respetable» sin entender su deseo y sus capacidades personales para poder llegar a ser Míster Universo.

«Liquida tu negocio ahora mismo y recupera el dinero que puedas. Si no lo haces terminarás sin un centavo en el bolsillo», le dijo el abogado de la ahora famosísima multimillonaria Mary Kay Ash, apenas unas semanas antes de que abriera su primer negocio de cosméticos.

«Tiene una linda voz, pero no es nada especial», le dijo una profesora mientras rechazaba a la jovencita Diana Ross —ahora una cantante mundialmente conocida— para una participación en un musical de su escuela.

«¿Una cadena mundial de noticias?, ¡nunca va a funcionar!», es lo que le dijeron a Ted Turner los «expertos» cuando presentó por primera vez su idea de crear la CNN.

¿Quién le está diciendo que no puede armar y manejar un plan de control de gastos? ¿Quizá su propia familia? ¿Sus amigos? Usted puede, si quiere.

El futuro está en sus manos.

Dos distinciones importantes: necesidades y deseos

Una vez que tengamos un plan para controlar nuestros gastos y que también tengamos un sistema de control presupuestario —sea con planillas, con un programa de computadora o con un sistema de sobres—, necesitamos ahora movernos a una de las áreas más difíciles en proceso de sanidad financiera: desprogramar nuestra mente.

Por muchos años, las oficinas de mercadotecnia de su país han estado gastando millones y millones de dólares en programar la forma en la que usted responde al mundo que lo rodea. Le advierto: no será fácil borrar el daño que le han hecho. Pero una vez que pongamos su mente y su corazón en libertad, usted nunca más volverá a ser presa de las campañas publicitarias que le lavan el cerebro a millones de sus compatriotas día tras día.

Lo primero que tenemos que reprogramar en su mente es la forma en la que usted habla. Por decenios los medios de comunicación social nos han enseñado a hablar de una manera muy particular en lo que respecta a los bienes de consumo: nos han enseñado a tener necesidades que no existen.

En realidad, tengo magníficos amigos que se ganan la vida, alimentan a su familia y educan a sus hijos con el salario que reciben por ser parte de una oficina publicitaria o una consultora de mercado en Latinoamérica. Una de sus tareas principales: la creación de necesidades inexistentes en la mente de los consumidores —esos somos usted y yo—.

Es por eso que una de las primeras cosas que debemos hacer es aprender a hablar. Debemos aprender a diferenciar entre necesidades, deseos y gustos.

Antes de clarificar estos dos conceptos quisiera recalcar que no está mal tener deseos o gustos y satisfacerlos. No estamos promoviendo el masoquismo. Sin embargo, para llegar a la sanidad financiera es importantísimo tener en claro cuáles son realmente nuestras necesidades y cuáles no lo son.

Debemos satisfacer nuestras necesidades en primer término, y luego satisfacer nuestros deseos y gustos solamente en el caso de que tengamos los recursos económicos disponibles para hacerlo.

También debemos ver la decisión con el corazón de un administrador. A veces, uno puede llegar a tener el dinero para hacer una determinada compra, pero desde el punto de una sabia administración, es mejor invertir en apoyar un hogar de niños, una organización de beneficencia, una fundación, que tener el último modelo de un determinado auto estacionado en el garaje de la casa.

El problema es que las campañas publicitarias nos han enseñado a hablar mal. Nos han enseñado a decir que todas las cosas que queremos comprar son «necesidades». Los varones decimos: «Necesito una computadora», o «necesito unas vacaciones en el mar»; la hija más pequeña dice: «Necesito un vestido rojo para Navidad» o la señora de la casa «necesitamos un televisor nuevo»…

Cuando empezamos a decirnos en voz alta que «necesitamos» algo, creo que nuestro cerebro se convence de que es una «necesidad» y comienza a buscar la forma de proveer para esa necesidad. Debemos aprender a usar un vocabulario diferente al momento de hablar de compras.

La necesidad

Cuando tomé mis clases de psicología en la Universidad, se estudió en alguna de ellas la famosa Escala de Maslow. Esa escala dividía las necesidades del ser humano en cinco áreas generales que iban desde las más básicas —fisiológicas— hasta la necesidad de sentirse realizado, pasando por la necesidad de seguridad, pertenencia y estima propia[26].

Sin embargo, para los propósitos de nuestro estudio voy a definir como «necesidad económica» todas aquellas cosas que realmente necesitamos para sobrevivir: comida, vestimenta, un techo sobre nuestra cabeza, etc. No solamente cosas materiales o corporales, sino todo aquello que estemos verdaderamente necesitando para nuestra supervivencia como seres humanos —por ejemplo seguridad, salud, transporte, etc.—.

Nosotros debemos colocar nuestras necesidades en el nivel de prioridad más alto. Debemos buscar suplirlas a toda costa. Allí deben ir nuestros recursos financieros sin mayores dudas ni retrasos.

Los deseos

Cuando hablamos de las compras que tenemos que hacer, todo aquello que no es una necesidad, es un deseo. Ya sea un deseo remarcar, en el que expresamos el deseo de una calidad más alta por una necesidad determinada, o un deseo remarcar, en el que simplemente quisiéramos tener algo que nos gusta.

Un deseo cualitativo podría ser, por ejemplo, un buen bistec en lugar de una hamburguesa. El alimento es una necesidad básica del cuerpo. Pero, en este caso, uno está queriendo satisfacer esa necesidad con un producto más costoso y de más alta calidad: un bistec. Lo mismo podría ocurrir en todas las otras áreas de necesidades reales en nuestra vida: podemos comprar un vestido en una tienda de vestidos usados o podemos comprar uno de alta confección. En ambos casos la vestimenta es una necesidad, pero la forma en la que queremos satisfacer esa necesidad puede transformar la compra en un deseo.

Un deseo propiamente dicho es todo aquello que no tiene nada que ver con una necesidad. Comprarnos un gabinete para el televisor, una mesa para el patio de la casa, una videograbadora, un velero u otra propiedad para hacer negocio con ella pueden ser ejemplos de este tipo de deseos.

Nosotros deberíamos satisfacer nuestros deseos solamente después de satisfacer nuestras necesidades, y siempre y cuando tengamos los recursos económicos para hacerlo.

Por lo tanto, antes de salir de compras es importante que tengamos en claro lo que es una necesidad y lo que es un deseo. En estos días la gente tiene la tendencia de decir «necesito una computadora» o «necesitamos una cámara fotográfica» cuando, en realidad, deberían estar diciendo «¡cómo quisiera comprarme una computadora!» o «¡cómo nos gustaría tener una cámara fotográfica!»

Lamentablemente, en los últimos 30 años hemos pasado a través de un proceso de condicionamiento para comenzar a hablar de «necesidades» en lugar de reconocer nuestros deseos. Al hacerlo, creamos una ansiedad interior que nos impulsa a satisfacer esa «necesidad». Es entonces cuando invertimos nuestro dinero en cosas que realmente podrían esperar y nos olvidamos proveernos aquellas cosas que realmente necesitamos —ya sea en forma inmediata como a largo plazo—.

Finalmente, debemos tomar nota de que no siempre lo que parece un «ahorro» realmente lo es. Por un lado, porque, como dicen muchas damas del continente, «lo barato sale caro». En algunas circunstancias nos conviene comprar cosas de mejor calidad, pero que nos durarán de por vida, que cosas de baja calidad que tendremos que reemplazar cada cierta cantidad de años.

Por otro lado, no siempre es una buena idea comprar las ofertas. Si yo compro 10 jabones de lavar la ropa porque estaban casi a mitad de precio y después de dos días me quedo sin dinero para comprar leche, he hecho una mala inversión.

Ahora tengo dinero sentado en la repisa del cuarto de lavar la ropa que se me ríe en la cara porque no puedo prepararme un café con jabón, necesito leche. Este es un típico caso en el que no me conviene «ahorrar gastando».

Sin embargo, si el almacén de la esquina de mi casa está ofreciendo 2 litros de leche por el precio de uno, yo debería inmediatamente tomar la oferta —especialmente si tengo niños en casa—. La leche es un elemento de consumo diario y es una necesidad básica para mi supervivencia. El jabón de lavar la ropa y otros limpiadores pueden ser reemplazados por alternativas más baratas.

Este último problema de comprar más de lo que uno necesita y tener dinero estancado en las alacenas de la casa es un problema que millones de negociantes confrontan cada día a lo largo y a lo ancho del mundo. Lo crea o no, el manejar la economía de un hogar tiene mucho que ver con la forma en la que se maneja la economía de un negocio, e incluso con la forma en la que se maneja la economía de un país.

Una solución práctica: disminuir gastos o incrementar entradas

A estas alturas, después de tener el «ser» y el «hacer» en claro, podemos afirmar lo que cualquier asesor financiero le diría: desde el punto de vista de las finanzas, para librarse de las deudas uno tiene dos opciones básicas: incrementar entradas y/o disminuir gastos. Es mejor si hace las dos al mismo tiempo.

Para incrementar sus entradas, vea la posibilidad de hacer algún trabajo en su casa, de convertir algún pasatiempo en un negocio. ¿Le gusta arreglar autos? Quizá pueda hacer algo de mecánica en el barrio. ¿Es bueno como carpintero, electricista o albañil? Quizás pueda certificarse para hacer eso en sus ratos libres.

Por supuesto, la esposa y los hijos mayores también pueden ayudar trabajando afuera. Sin embargo, antes de que la madre salga a trabajar yo consideraría los costos, tanto económicos como emocionales y espirituales.

Sé que en algunos de nuestros países uno necesita tres salarios para poder sobrevivir. Sin embargo, no estamos hablando aquí de situaciones extremas de pobreza o de inestabilidad económica del país. En casa, siempre que hemos podido evitar que mi esposa salga a trabajar, lo hemos hecho. Por dos razones. Primero, que si necesita que una niñera o una organización le cuide los niños, la cantidad real de dinero que la esposa trae a la casa es ínfima, comparado con las pérdidas emocionales y espirituales. Cuando uno suma el costo del cuidado de niños al costo de la ropa, el transporte, las comidas afuera de la casa, las comidas precocidas que hay que comprar porque no hay tiempo para que mamá cocine y otros gastos asociados, se dará cuenta de que la esposa ha salido a trabajar ¡casi gratis! Además, en casa queremos que nuestros niños absorban los principios y valores de los padres, no de una vecina o del gobierno. La única manera de influenciar a los niños es a través del ejemplo personal y de la inversión de tiempo y esfuerzo personal en sus vidas. Nuestros hijos no sólo necesitan calidad de tiempo, sino también cantidad de tiempo.

Entonces, trate de encontrar maneras creativas de traer entradas a la casa, tratando de mantener lo más posible el balance emocional de la familia. Recuerde que nuestros hijos y nuestra relación de pareja es mucho más importante que la casa donde vivimos, el auto que manejamos o la ropa que vestimos.

Los latinos que nos hemos mudado a los Estados Unidos estamos sacrificando las cosas trascendentes de la vida en el altar de lo intrascendente. El tiempo que pasamos con nuestros hijos y con nuestra familia es más importante que la acumulación de bienes materiales o un mejor futuro económico.

Por otro lado, la mejor manera de darse un aumento de sueldo es reducir los gastos. Para eso, vuelva a revisar el plan de control de gastos —el presupuesto— que le hemos enseñado a desarrollar y tome decisiones con su pareja —¡muy importante!— sobre las áreas en las que se deben cortar los gastos para incrementar la cantidad de dinero que le queda a su presupuesto al final del mes.

5
Implemente un plan de sanidad de deudas

Ahora ha llegado el momento esperado por todos nosotros: el aprender a implementar un plan para librarnos de las deudas que nos ahogan.

En esta última sección voy a dar una serie de consejos prácticos para establecer un plan y poder sacarnos de encima las deudas que nos agobian. Si usted integra a su vida los principios y valores que le enseñé en este libro y sigue estos consejos, podrá organizarse personalmente y posicionarse con sus acreedores de tal manera que le será mucho más fácil librarse de las deudas que lo acosan.

Mi esposa y yo lo hicimos en los años 90 y usted también lo puede hacer hoy en su propia vida. Aquí van, entonces, algunas sugerencias prácticas para salir del pozo, aunque no sea demasiado profundo:

1. Sea sincero y transparente, y mantenga la comunicación abierta.

Necesita mantener una comunicación honesta y abierta con sus acreedores. No mienta. Sea honesto. No ensucie su nombre y reputación por dinero. Pregúntese: «¿Tiene precio mi honor?»

Recuerde que todos los acreedores del mundo tienen algo en común: *todos ellos quieren cobrar sus préstamos.* Trate a los demás como quisiera que lo trataran a usted.

Si uno de sus deudores estuviera en problemas para pagarle el dinero que con tanto esfuerzo invirtió en prestarle, ¿no quisiera que él le dijera toda la verdad y le diera una idea clara y honesta de su capacidad de pago? Haga usted lo mismo.

2. Evalúe su situación de deudas.

Escriba en la planilla que le he preparado en la siguiente hoja todos los datos correspondientes a sus deudas. En algunos casos puede que las cantidades de dinero que debe estén divididas en dos: un grupo de deudas mayores y otro de deudas menores. Agrupe sus deudas de acuerdo con la cantidad total que debe. Sepárelas en esos dos grupos —si los tiene—; y finalmente, dentro de cada grupo ordene sus deudas de acuerdo con los intereses que está pagando. De mayor cantidad de intereses a menor.

Aquí hay un ejemplo. Total de deudas: 118.220 pesos, incluyendo la hipoteca de la casa.

Primero —en una hoja aparte—, agrupamos las deudas de acuerdo con la cantidad que debemos.

Implemente un plan de sanidad de deudas

Nombre de la deuda	Contacto y número de teléfono	Cantidad que todavía debo	Cuota o pago mensual	Interés que me están cobrando	Notas
Casa	Banco Dolor 998-8776	98.000	700	8.25%	
Auto	Banco Auto 234-5678	12.800	324	9.50%	
Tarjeta	Master-Tuyo 123-4567	3.570	125	18.50%	
Tarjeta	Carta-Negra 887-7655	2.200	80	23.50%	
Préstamo de papá		650	25		Le pagamos de interés sólo lo que haya de inflación
TV/Sonido	Barato y Fiado 456-7890	560	20	16.00%	
Clínica	Matasanos, Inc 112-2334	440	20	12.00%	

Segundo (en la planilla), ordenamos de acuerdo a los intereses dentro de cada grupo.

Nombre de la deuda	Contacto y número de teléfono	Cantidad que todavía debo	Cuota o pago mensual	Interés que me están cobrando	Notas
Tarjeta	Carta-Negra 887-7655	2.200	80	23.50%	
Tarjeta	Master-Tuyo 123-4567	3.570	125	18.50%	
Auto	Banco Auto 234-5678	12.800	324	9.50%	
Casa	Banco Dolor 998-8776	98.000	700	8.25%	
TV/Sonido	Barato y Fiado 456-7890	560	20	16.00%	
Clínica	Matasanos, Inc 112-2334	440	20	12.00%	
Préstamo papa		650	25		Le pagamos de interés sólo lo que haya de inflación

¿Cómo salgo de mis deudas?

Nombre de la deuda	Contacto y número de teléfono	Cantidad que todavía debo	Cuota o pago mensual	Interés que me están cobrando	Notas

3. Pague un poco a cada acreedor.

Si por alguna razón no puede pagar por lo menos el mínimo, escriba una carta a sus acreedores y propóngales un plan de pago.

a. Asegúreles que usted es un hombre o mujer de palabra y que quiere pagarles todo lo que les debe aunque le tome el resto de la vida.

b. Muéstreles su plan de control de gastos. Comparta con ellos sus entradas y sus salidas. Muéstreles los cambios que está haciendo con el fin de que le quede dinero extra para poder pagar las deudas.

c. Muéstreles también en un papel todos los activos que usted tiene: casa, auto, cosas que se puedan vender para saldar la deuda.

d. Muéstreles una copia de la planilla que acabamos de llenar.

e. Finalmente, propóngales un plan de pagos. Trate de negociar la reducción o eliminación de intereses y capital adeudado.

Se sorprenderá del tipo de arreglos a los que dos personas —una deudora y otra acreedora— pueden llegar si las dos quieren realmente encontrar la forma en la que las deudas queden pagadas como se debe.

4. Use el excedente del presupuesto para hacer pagos extras.

Ahora que tiene un presupuesto y sabe cuánto dinero extra le puede quedar a fin de mes, concéntrese en pagar primero las deudas más chicas. Sé que muchos asesores aconsejarán concentrarse en las de mayor interés primero. En nuestro ejemplo, concentrarse en pagar la tarjeta «Carta-Negra» (23.50%).

Sin embargo, a mí me gusta recomendarle a mis amigos que empiecen a concentrarse en pagar primero las del grupo de deudas más pequeñas. ¿La razón? Cuando uno termina de pagar su primera deuda, ese hecho genera un impacto psicológico positivo. Se puede ver la luz al final del túnel. Eso lo va a animar a seguir adelante. Mientras que si no puede resolver favorablemente las más grandes, puede que se desanime en el camino.

Entonces, en nuestro caso, supongamos que le quedaran unos 50 pesos extras cada mes, además del dinero para pagar, por lo menos, los intereses de las tarjetas de crédito. Mi sugerencia es que uno debería concentrarse en la deuda de «TV/Sonido», y en lugar de pagar 20 pesos, sumarle los 50 y pagar 70 pesos.

Vamos a suponer, también, que está pagando cada mes todos los intereses de las tarjetas de crédito y sólo estamos trabajando con el capital que les está debiendo. Eso va a hacer nuestros cálculos mucho más fáciles. A los efectos de esta demostración, realmente, no creo que haga gran diferencia...

¿Cómo salgo de mis deudas?

Deuda	Mes 1	Mes 2	Mes 3	Mes 4	Mes 5	Mes 6	Mes 7	Mes 8
Carta-Negra	80	80	80	80	80	80	80	80
Master-Tuyo	125	125	125	125	125	125	125	125
Banco Auto	324	324	324	324	324	324	324	324
Banco Dolor	700	700	700	700	700	700	700	700
Barato Fiado	70	70	70	70	70	70	70	*70*
Matasanos	20	20	20	20	20	20	20	20
Papá	25	25	25	25	25	25	25	25
	1.344	1.344	1.344	1.344	1.344	1.344	1.344	1.344

Ultimo pago

5. Comienza el efecto acumulativo «bola de nieve».

Cuando termine de pagar su primera deuda, no toque ese dinero que ahora le queda libre, sino que aplique ese pago que ahora no debe hacer más a «TV/Sonido» a la segunda deuda que habrá de liquidar: «Clínica Matasanos».

De esa manera, ahora suma a los 20 pesos que estaba pagando, los 70 pesos que ya no paga a «TV/Sonido», y empieza a pagar 90 pesos. Cuando termine con «Clínica Matasanos» tomará todo ese dinero —los 90 pesos— y lo sumará al dinero que está pagando en la siguiente deuda que quiere eliminar, «Préstamo papá». Luego, cuando termina con «Préstamo papá» se mueve al grupo de las «Deudas mayores» y empieza con el interés más alto.

¿Se va dando cuenta cómo sus pagos comienzan a acelerarse rápidamente? Es como una bola de nieve: primero comienza pequeñita, pero con el correr del tiempo aumenta increíblemente su tamaño porque va «absorbiendo» los pagos anteriores.

Permítame recordarle la situación actual, para que no se pierda en el camino:

Nombre de la deuda	Contacto y número de teléfono	Cantidad que he pagado	Cantidad que todavía debo	Cuota o pago mensual	Interés que me están cobrando	Notas
Tarjeta	Carta-Negra 887-7655	640	1.560	80	23.50%	
Trajeta	Master-Tuyo 123-4567	1.000	2.570	125	18.50%	
Auto	Banco Auto 234-5678	2.592	10.208	324	9.50%	
Casa	Banco Dolor 998-8776	5.600	92.400	700	8.25%	
TV/ Sonido	Barato y Fiado 456-7890	560	0		16.00%	
Clínica	Matasanos, Inc 112-2334	160	280	20	12.00%	
Préstamo papa		200	450	25		Le pagamos de interés sólo lo que haya de inflación

Entonces, continuamos con los pagos a partir del mes 9:

DEUDA	MES 9	10	11	12	13	14	15	16
Carta-Negra	80	80	80	80	80	80	155	195
Master-Tuyo	125	125	125	125	125	125	125	125
Banco Auto	324	324	324	324	324	324	324	324
Banco Dolor	700	700	700	700	700	700	700	700
Barato Fiado	pagado	pagado	pagado	pagado	pagado	pagado	pagado	pagado
Matasanos	90	90	90	*10*	pagado	pagado	pagado	pagado
Papá	25	25	25	105	115	115	*40*	pagado
	1.344	1.344	1.344	1.344	1.344	1.344	1.344	1.344

Preste atención:

En la semana 12 pagamos los 10 pesos que nos quedaban a la clínica, y sumamos los otros 80 pesos a la cantidad que estábamos pagando para el «Préstamo papá». En el mes 15 hicimos lo mismo con el «Préstamo papá»: pagamos los 40 pesos que nos quedaban y sumamos los otros 75 pesos al pago de la tarjeta «Carta-Negra». Entonces, después de 17 meses de pago acumulado, ésta es nuestra situación financiera:

Nombre de la deuda	Contacto y número de teléfono	Cantidad que he pagado	Cantidad que todavía debo	Cuota o pago mensual	Interés que me están cobrando	Notas
Tarjeta	Carta-Negra 887-7655	1.470	730	195	23.50%	
Trajeta	Master-Tuyo 123-4567	2.125	1.445	125	18.50%	
Auto	Banco Auto 234-5678	5.508	7.292	324	9.50%	
Casa	Banco Dolor 998-8776	11.900	86.100	700	8.25%	
TV/ Sonido	Barato y Fiado 456-7890	560	pagado		16.00%	
Clínica	Matasanos, Inc 112-2334	440	pagado		12.00%	
Préstamo papa		650	pagado			Le pagamos de interés sólo lo que haya de inflación

¿Qué pasa, entonces, en los próximos 9 meses, a partir del mes 18?

Al final de un poco más de 2 años de trabajo, perseverancia y dominio propio, finalmente hemos reducido nuestras deudas a las dos de más tamaño: el auto y la casa. En menos de 10 meses más —justo al final de los 3 años de planeamiento— seremos libres de todas las deudas, excepto la de la casa. Hemos reducido deudas por valor de 118.220 pesos a un poco menos de 73.000 pesos, quedándonos sólo con la hipoteca de la casa…, y si continuamos pagando a este ritmo, pagaremos la hipoteca de la casa ¡en solamente 6 años más!

DEUDA	MES 18	MES 19	20	21	22	23	24	25
Carta-Negra	195	195	195	*145*	pagado	pagado	pagado	pagado
Master-Tuyo	125	125	125	175	320	320	*255*	pagado
Banco Auto	324	324	324	324	324	324	389	644
Banco Dolor	700	700	700	700	700	700	700	700
Barato Fiado	pagado	pagado	pagado	pagado	pagado	pagado	pagado	pagado
Matasanos	pagado	pagado	pagado	pagado	pagado	pagado	pagado	pagado
Papá	pagado	pagado	pagado	pagado	pagado	pagado	pagado	pagado
	1.344	1.344	1.344	1.344	1.344	1.344	1.344	1.344

6. Comprométase a vivir una vida libre de deudas.

No es fácil vivir una vida sin deudas en una sociedad latinoamericana que marcha hacia la integración económica y hacia el crecimiento económico a través de la consumisión de bienes y servicios.

Por otra parte, también sentimos la presión de que ahora, gracias a que podemos pagar las cosas a crédito, también podemos obtener cosas que nos hubieran llevado *años* conseguir en el pasado.

Mi palabra, en este caso, es una palabra de precaución. Como dijimos antes, no está mal pedir prestado y, en algunos casos, uno puede encontrar programas gubernamentales que nos permiten acceder a una casa digna con un pago mensual realmente bajo. Los principios a tener en cuenta al momento de tomar un préstamo ya lo hemos discutido anteriormente.

Sin embargo, creo que no está mal repetir, una vez más, que cuando hablamos de pagar intereses, «el que paga, pierde».

¿Cómo salgo de mis deudas?

Aprendamos a ejercer el dominio propio que, con el correr de la larga carrera de la vida, siempre ha demostrado dejarnos con la mayor cantidad de dinero en el bolsillo.

Conclusión

Entonces, a modo de repaso, si se tiene deudas y quiere dejar de tenerlas lo antes posible, debe seguir los siguientes pasos:

1. Cambiar interiormente. El «ser» es más importante que el «hacer». Si no hay un cambio interior y un compromiso serio a obedecer los Principios de la Prosperidad que hemos explicado, los otros pasos serán en vano. En cuanto empiece a respirar volverá a caer en mayores deudas, igual que el que hace una dieta por dos meses y vuelve a subir de peso al tercero.

2. Establecer un plan para manejar el poco o mucho dinero que uno tiene. El saber cuánto entra y cómo sale le permitirá descubrir áreas en las que puede disminuir

gastos y comenzar a ahorrar y, por otro lado, le permitirá saber en cuánto deberá incrementar sus ingresos.

3. Establecer un sistema de control. Si no tiene un sistema de control, especialmente para los gastos que hace en dinero en efectivo, su plan presupuestario no valdrá de nada porque no podrá tapar los agujeros por donde se le escurre el dinero.

4. Incrementar entradas o disminuir gastos. Sea creativo. No necesariamente se debe enviar a la esposa a trabajar, especialmente si se tienen niños pequeños en la casa.

5. Hacer una lista de acreedores con datos de cada deuda. Ordénese y sepa cuánto debe y a quién, cuánto paga de intereses, quién es su contacto y cuál es el orden en el que debe pagar sus deudas.

6. Establecer un plan de pago. Un plan es importantísimo para demostrarle a nuestros acreedores que somos gente seria, responsable, que sabemos adónde vamos.

7. Comprometerse a cumplirlo y a nunca más pedir prestado. Esto requiere un fuerte compromiso por parte de uno mismo y de cada miembro de la familia. Puede que no tenga mucho, pero por lo menos podrá dormir tranquilo cada noche por el resto de su vida.

Hace algunos años atrás, Gonzalo caminaba por el fondo de su casa después de una tormenta. De pronto vio en el suelo un capullo de mariposa todavía pegado a una pequeña ramita. Lo levantó y lo llevó con sumo cuidado a la cocina de su casa para proveerle protección y cuidado.

Colgó la ramita en el centro de la boca ancha de un jarro de vidrio y llamó a su esposa para mostrarle orgullosamente su experimento en salvataje de insectos. Su esposa, con paciencia, se mostró impresionada por unos 15 segundos y luego continuó con las tareas que estaba realizando.

Unos minutos después, mirando atentamente la bella construcción que había hecho el famoso gusano de seda, Gonzalo se dio cuenta de que el capullo se movía. Un tiempo más tarde ese movimiento casi imperceptible se tornó en una serie de movimientos frenéticos hacia un lado y hacia el otro.

Gonzalo entendió inmediatamente la tremenda lucha por la vida que se estaba llevando a cabo dentro del capullo. Era obvio que el insecto estaba tratando con todas sus fuerzas de salir de la condición en la que estaba y que se veía seriamente apretado dentro del capullo.

Entonces mi buen amigo decidió intervenir y ayudar a alivianar la presión. Sacó una pequeña navaja muy filosa y con muchísimo cuidado hizo un pequeño corte en el tope del capullo.

Inmediatamente…¡un ala surgió del capullo! Segundos después, otra ala y, finalmente, la recién nacida mariposa se paseaba libremente por el tope del jarro donde había estado colgada su transitoria casa.

Ahora Gonzalo se sentía contento de haber podido ayudar a un insecto que nos trae tanta belleza y alegría. Sólo se hacía una pregunta: «¿Por qué será que no quiere volar?»

Esperó durante una hora para que las alas de la mariposa se secaran, movió el jarro, lo colocó afuera, pero la mariposa no remontaba vuelo.

Preocupado por el asunto, fue a ver a su vecino, profesor en la Universidad. Le contó lo que había pasado, cómo había encontrado el capullo, cómo lo había cuidado y cómo había rescatado del capullo al insecto con su navaja.

—¡Allí está el problema! —exclamó el vecino.

—¿Cómo? —preguntó Gonzalo totalmente desconcertado.

—Sí… allí está el problema, repitió su experto vecino. La tremenda lucha que observaste para salir del capullo es una parte importantísima del proceso de fortalecimiento de los músculos del insecto. Si no dejas que esa lucha siga su curso natural, la mariposa nunca podrá volar. Es una parte vital de su desarrollo.

Esta historia[27] tiene una gran aplicación en su vida y en la mía. Yo sé que usted está pasando, quizá, por un momento muy difícil. Tal vez siente que se encuentra en grandes aprietos y que, por más que lucha, parece que nunca podrá salir de la situación en la que se encuentra... «Atrapado y sin salida», como el nombre de una famosa película.

¡Ojalá viniera alguien y como por arte de magia pudiera sacarlo de la situación de esclavitud financiera en la que se encuentra!

Pero eso no es lo mejor para su vida. Yo creo firmemente que las pruebas y dificultades desarrollan en nosotros un carácter sólido, maduro, y nos ayudan a ser más fuertes y perseverantes[28]. Es importante no tratar de escapar mágicamente de las dificultades. Es vital pasar a través del proceso de sanidad.

Mi ruego es que, con la ayuda de Dios y los consejos sólidos de este humilde libro, usted pueda salir de los aprietos en los que se encuentra por sus propios medios, haciendo uso de sus propias fuerzas; para que, una vez afuera, usted sea lo suficientemente fuerte como para nunca más caer en la esclavitud de las deudas y para poder volar libremente en el mundo por el resto de su vida.

Notas

1. Rey Salomón. libro de los Proverbios, capítulo 22, verso 7. Siglo X a. C.
2. Rey David, Siglo X a. C. libro de los Salmos, capítulo 8, versos 4 y 6.
3. San Pablo. Primera Carta a los Corintios, capítulo 2, verso 4.
4. Taoísmo. Tao Te Ching 46. Andrew Wilson, Editor. World Scripture, A Comparative Anthology Of Sacred Texts. International Religious Foundation, Paragon House, New York, 1991.
5. http://www.pbs.org/kcts/affluenza/diag/what.html.
6. Thomas J. Stanley y William D. Danko. The Millionaire Next Door, The Surprising Secrets of America's Wealthy. New York: Pocket Books, 1996, 257 pp. StaMill.
7. Confucio. I Ching 45: Gathering Together. Andrew Wilson, Editor. World Scripture, A Comparative Anthology Of Sacred Texts. International Religious Foundation, Paragon House, New York, 1991.
8. Rey Salomón. libro de los Proverbios, capítulo 6, versos 6 al 8.

Notas

9. San Pablo. Carta del Apóstol San Pablo a los Gálatas, capítulo 5, versos 22 y 23.
10. Budismo. Dhammapada 80 y 145.
11. Rey Salomón. libro de los Proverbios, capítulo 16, verso 32. Biblia de Jerusalén.
12. Stephen R. Covey. The Seven Habits of Highly Effective People. Páginas 69 y 70.
13. Moisés. libro de Deuteronomio, capítulo 28, versos 12 y 44.
14. Moisés. libro de Deuteronomio, capítulo 15.
15. Rey Salomón. libro de los Proverbios, capítulo 22, verso 7.
16. Moisés. libro de Deuteronomio, capítulo 15.
17. San Pablo. Carta a los Romanos, capítulo 13, verso 7.
18. Libro del Eclesiastés, capítulo 5, verso 5.
19. Rey Salomón, libro de los Proverbios, capítulo 22, versos 26 y 27. Versión RV 1995, Sociedades Bíblicas Unidas.
20. Rey Salomón, libro de los Proverbios, capítulo 27, verso 1. Versión Dios Habla Hoy - La Biblia de Estudio, (Estados Unidos de América: Sociedades Bíblicas Unidas) 1998.
21. Evangelio según San Mateo, capítulo 22, verso 21.
22. Thomas J. Stanley y William D. Danko. The Millionaire Next Door, The Surprising Secrets of America's Wealthy. New York: Pocket Books, 1996, 257 p. StaMill.
23. Doménica Velásquez. Diario Prensa Libre. 20 de octubre de 1999, página 17. Fuente: Instituto Nacional de Estadística, INE.
24. Vea la Segunda Carta de San Pablo a los Corintios, capítulo 8, verso 14. También vea el libro de los Proverbios, capítulo 22, verso 3; y capítulo 27, verso 12.
25. Vea el libro Segundo de Reyes, capítulo 4, versos 1 al 7, para ver el ejemplo de los problemas y sufrimientos familiares que producimos al no dejar nuestros negocios terrenales en orden antes de pasar a la eternidad.
26. AbrahamMaslow. http://www.monterey.edu/academic/centers/sbsc/sbsc300b/maslov-needs.html.
27. Historia imaginaria adaptada del libro Stories for the Heart, compilado por Alice Gray. Multnomah Publishers Inc., Sisters, Oregon, 1996, pág. 207 y 208.
28. Vea la Carta Universal del Apóstol Santiago, capítulo 1, versos 2 al 4.

¡Sea un Maestro o Consejero en
Mayordomía Bíblica!

Pida nuestro Curso de Liderazgo Económico

El programa de **Maestros y Consejeros Conceptos Financieros** consiste en entrenar voluntarios dentro de nuestras propias comunidades para servir a las necesidades de individuos y familias que hablan español. Cada maestro o consejero en mayordomía bíblica no está oficialmente ligado a Conceptos Financieros sino que trabaja directamente dentro de la organización o iglesia a la cual pertenece.

El maestro como el consejero en mayordomía bíbica está capacitado para enseñar los estudios de Conceptos Financieros; entre ellos, "Cómo manejar su dinero" y "Finanzas familiares". También pueden enseñar a otros a controlar sus gastos preparando un presupuesto con "El Cuaderno de Planificación Financiera" y el video "Cómo armar un presupuesto familiar".

Para mayor información póngase en contacto con :
Conceptos Financieros
El Departamento Hispano de Crown
Financial Ministries
601 Broad St SE - Gainesville, GA 30501
Tel. (770) 532-5750

CARIBE
BETANIA
EDITORES

www.caribebetania.com

www.conceptosfinancieros.org